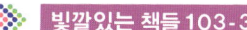
빛깔있는 책들 103-3

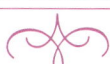

범종

글/이호관 ● 사진/손재식

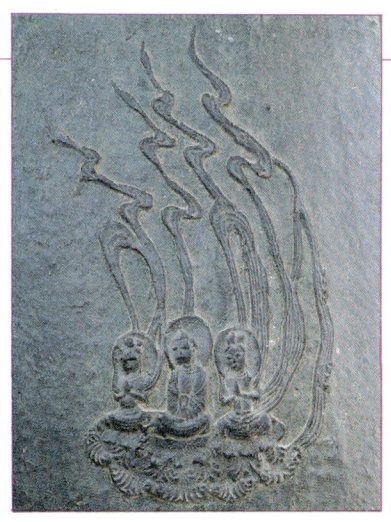

대원사

이호관

연세대학교와 단국대학교 대학원 사학과를 졸업하였으며, 문교부와 문화공보부의 문화재관리국에 근무하였다. 지금은 문화공보부 문화재관리국 문화재 연구소 미술공예 연구실장으로 있으며, 한양대와 이화여자대학 대학원에서 동양미술사를 강의하고 있다. 주요 논문으로 「고려 전기의 범종 연구」「신라 범종」 등이 있다.

손재식

신구전문대학교 사진학과를 졸업했고, 대림산업 홍보과와 대원사 사진부에서 근무하였으며, 지금은 프리랜서로 일하고 있다. 85년 유럽 알프스 촬영 등반, 87년 네팔 히말라야 에베레스트 촬영 등반 보고전을 가진 바 있으며, 사진집으로 「한국 호랑이 민예 도록」이 있다.

범종

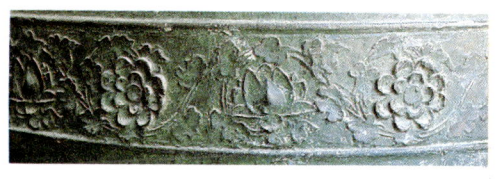

사진으로 보는 범종

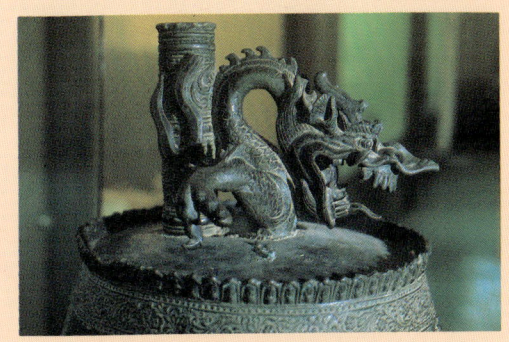

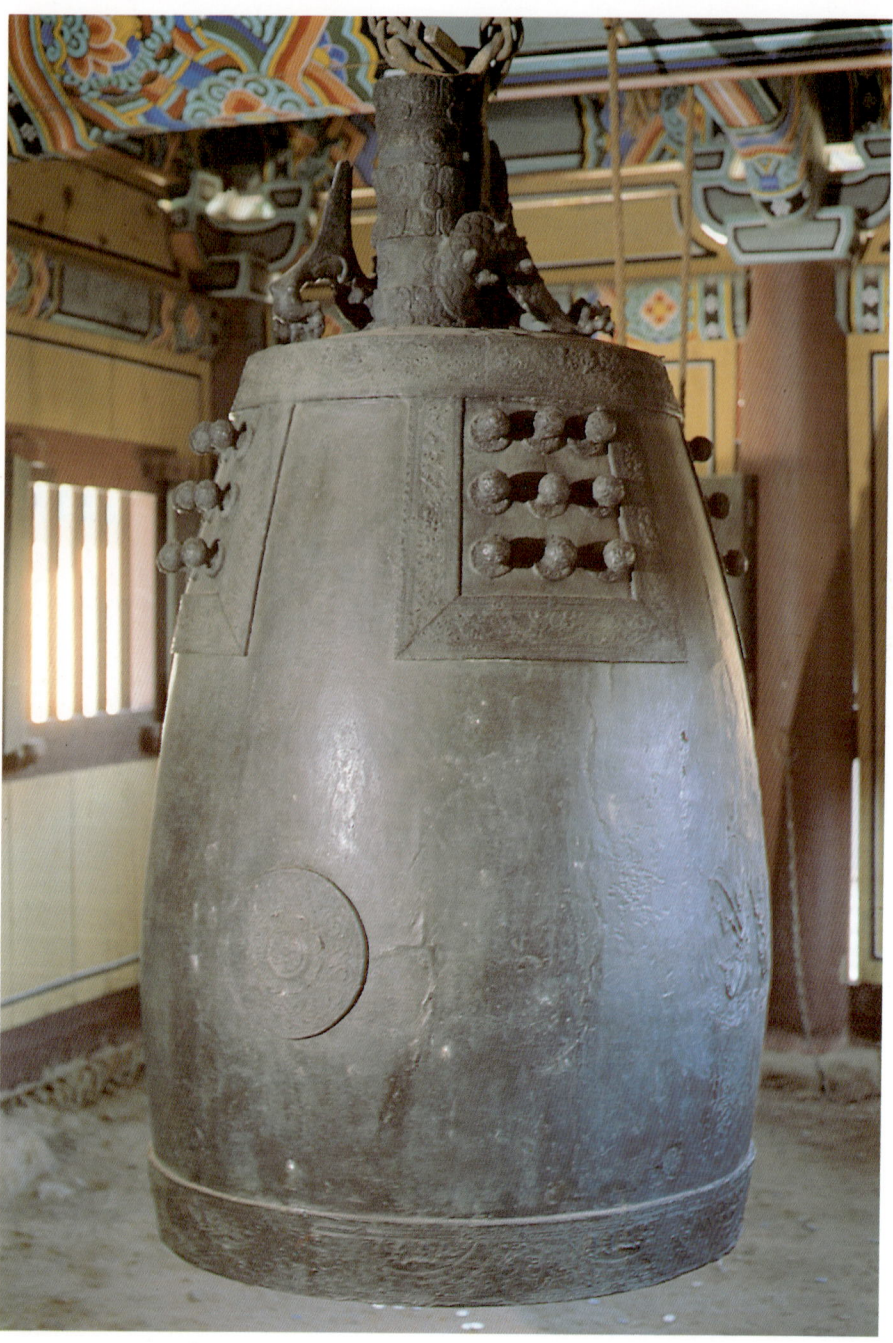

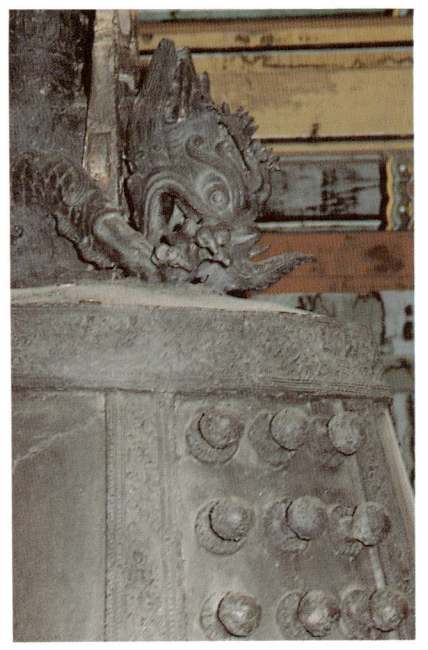
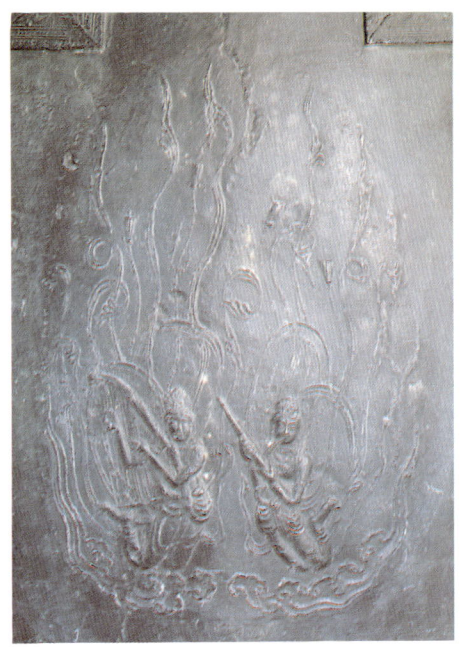

상원사(上院寺) 범종 국내에 현존하는 가장 오래되고 가장 아름다운 범종으로, 한국 범종의 조형인 동시에 규범이 되는 종이다.(왼쪽)
종정에는 용뉴를 구비하고 종신에는 견대와 하대, 유곽, 유두, 당좌, 비천 등을 갖춘 한국 범종의 가장 뚜렷한 특징을 완벽하게 구비하고 있다. 왼쪽은 종정과 견대, 유두 의 모습이고 오른쪽은 종신의 주악 비천상이다.(위)

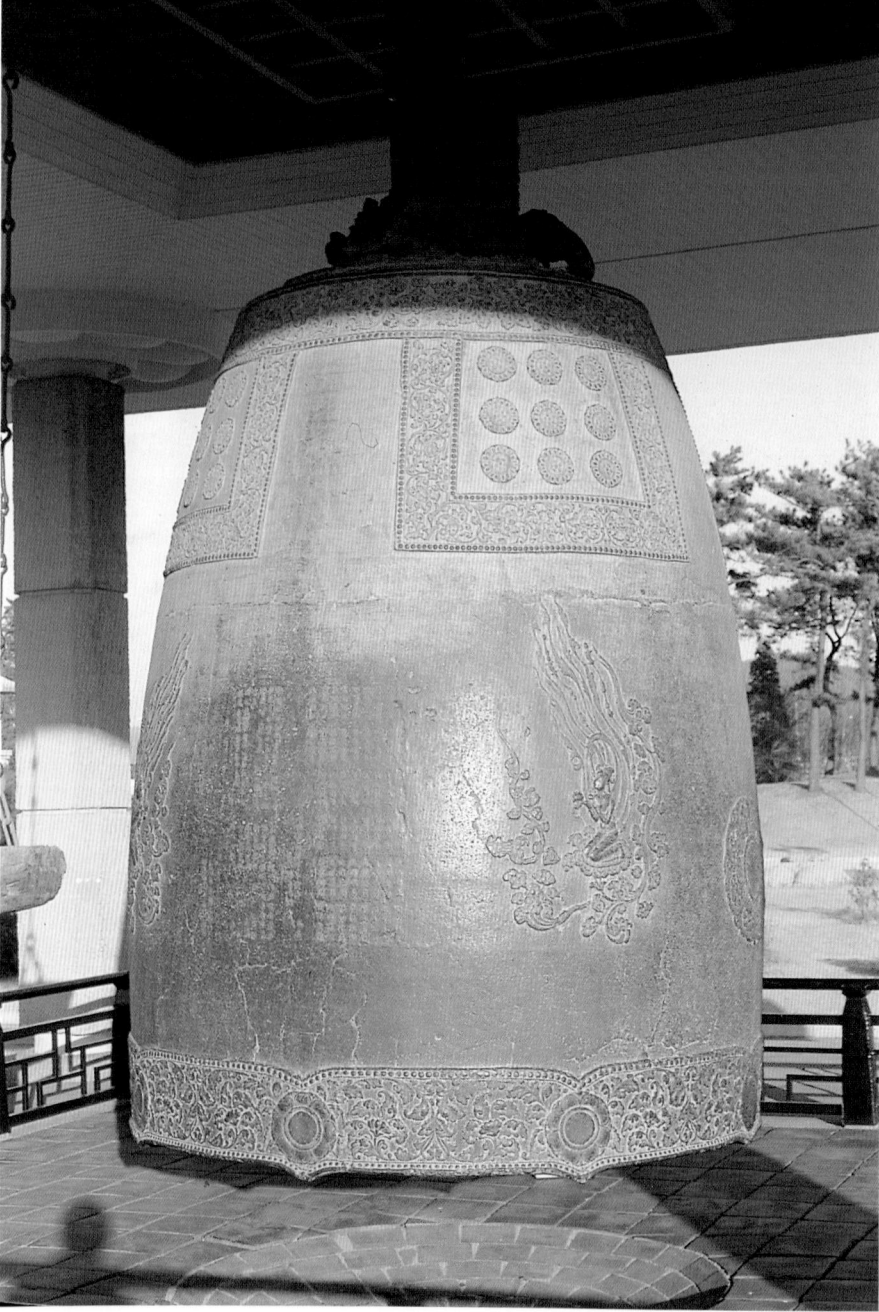

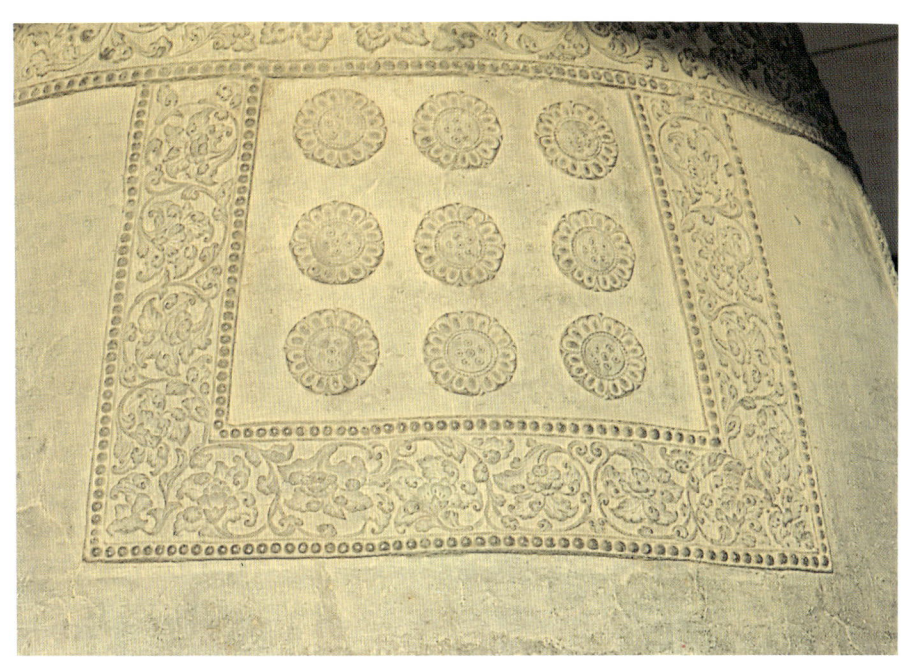

봉덕사 성덕대왕 신종 현재 국내에 있는 종 중 최대의 거종이다. 종신에 제작 연대와 주종 의장(意匠) 그리고 제작된 이유와 불법을 포교하게 된 내용 등을 명기하고 있다. 종신 상하에는 견대와 하대를 둘렀고 그 속의 주된 문양을 공양상과 보상 낭조문으로 장식한 것이 주목된다. 특히 종구가 8릉형을 이룬 특수한 형태로, 일반적인 신라 범종과는 다른 유일한 예이다. (왼쪽)

오른쪽은 이 종의 유곽대이다. 견대에 붙어서 세잔한 연주문대 사이에 보상당초문으로 채워진 주곽과 세밀한 연화로 표현된 9유가 특징적이다.

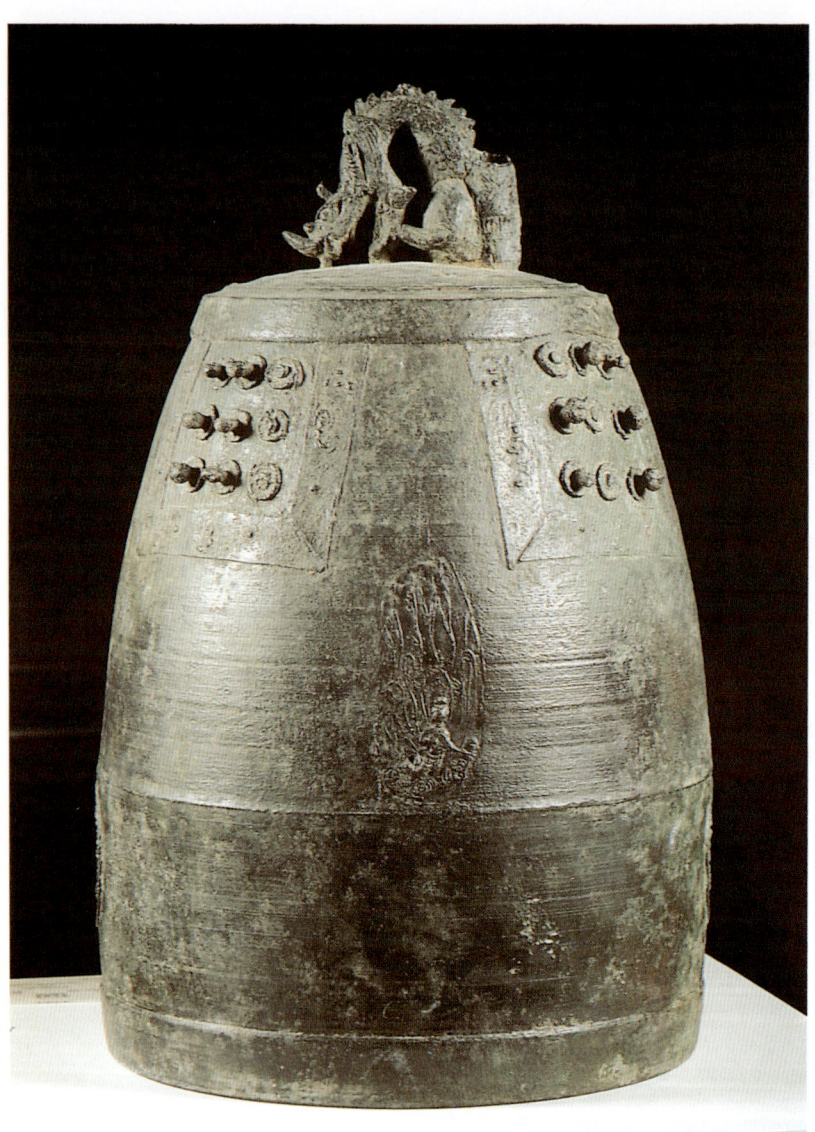

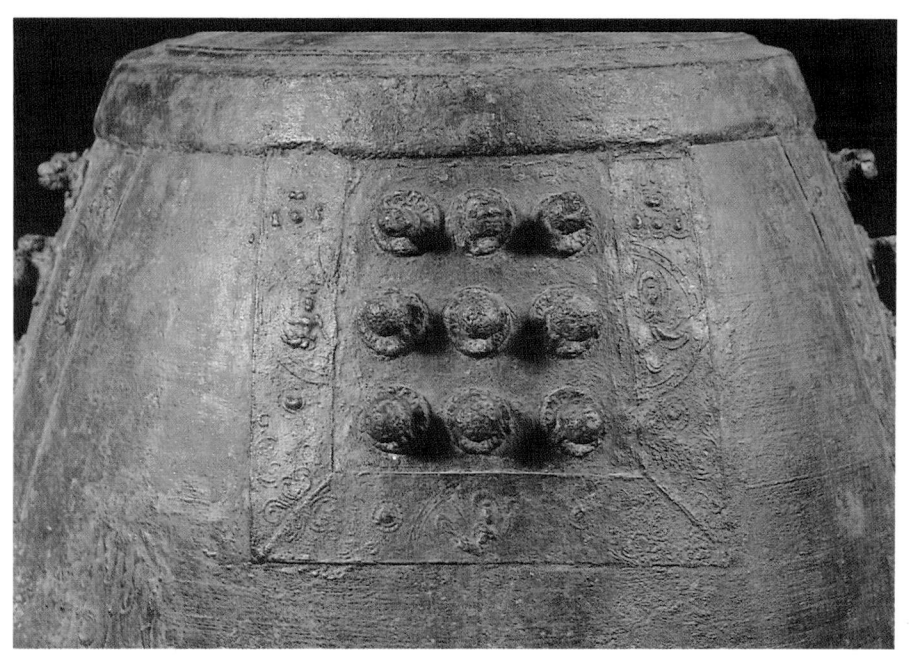

청주박물관 소장 범종 1970년 충청북도 청주시 운천동에서 출토되었다. 중간 크기에 명문은 없으며 종신에 2구의 비천상을 당좌와 교대로 배치하고 있다.(왼쪽) 반원권의 유곽내에는 3구의 비천상을 배치하고 간지는 삼보문과 당초문으로 장식하였다. 9개의 돌기된 유두는 연화좌를 바탕으로 하여 배치되어 있다.(오른쪽)

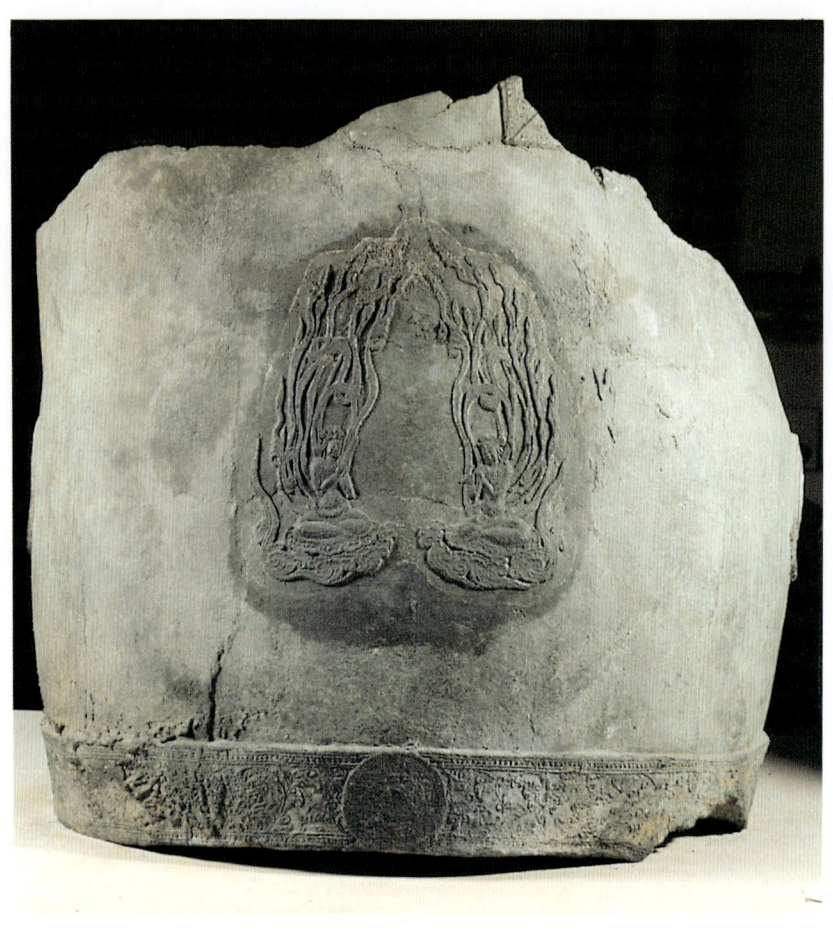

실상사 파종(破鐘)　종신의 윗부분은 주종(鑄鐘) 과정에서 잘못되어 상실된 것으로, 현재 범종의 하부만이 잔존하고 있다. 종신에는 2구의 비천상이 구름 위의 연화좌에 결가부좌하여 횡적과 생을 주악하고 있다.

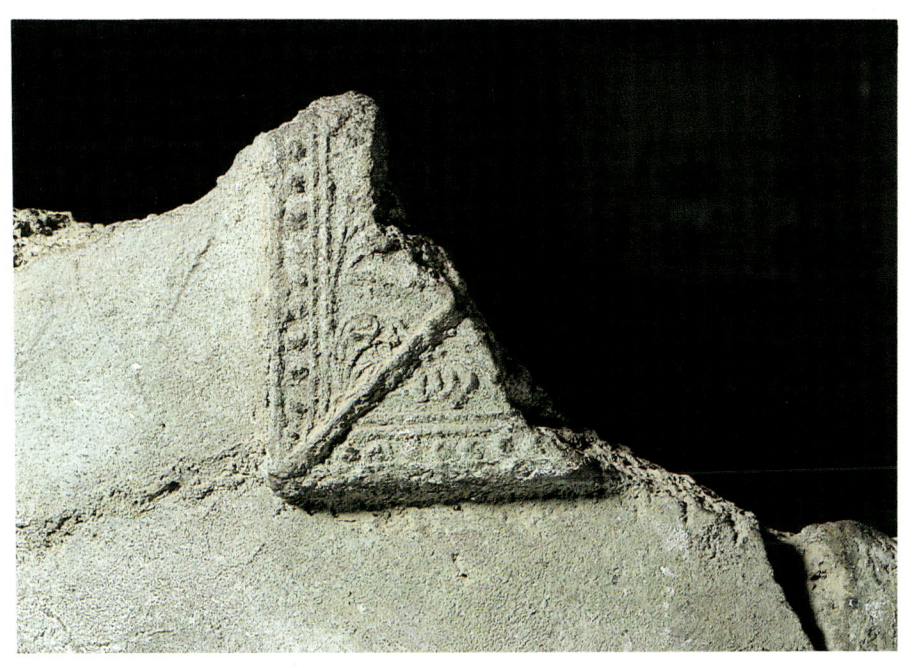

실상사 파종의 유곽대 일부만 남은 유곽대를 통해 주위를 연주문대로 두르고 간지에
보상화를 배치한 화려한 것이었음을 알 수 있다.

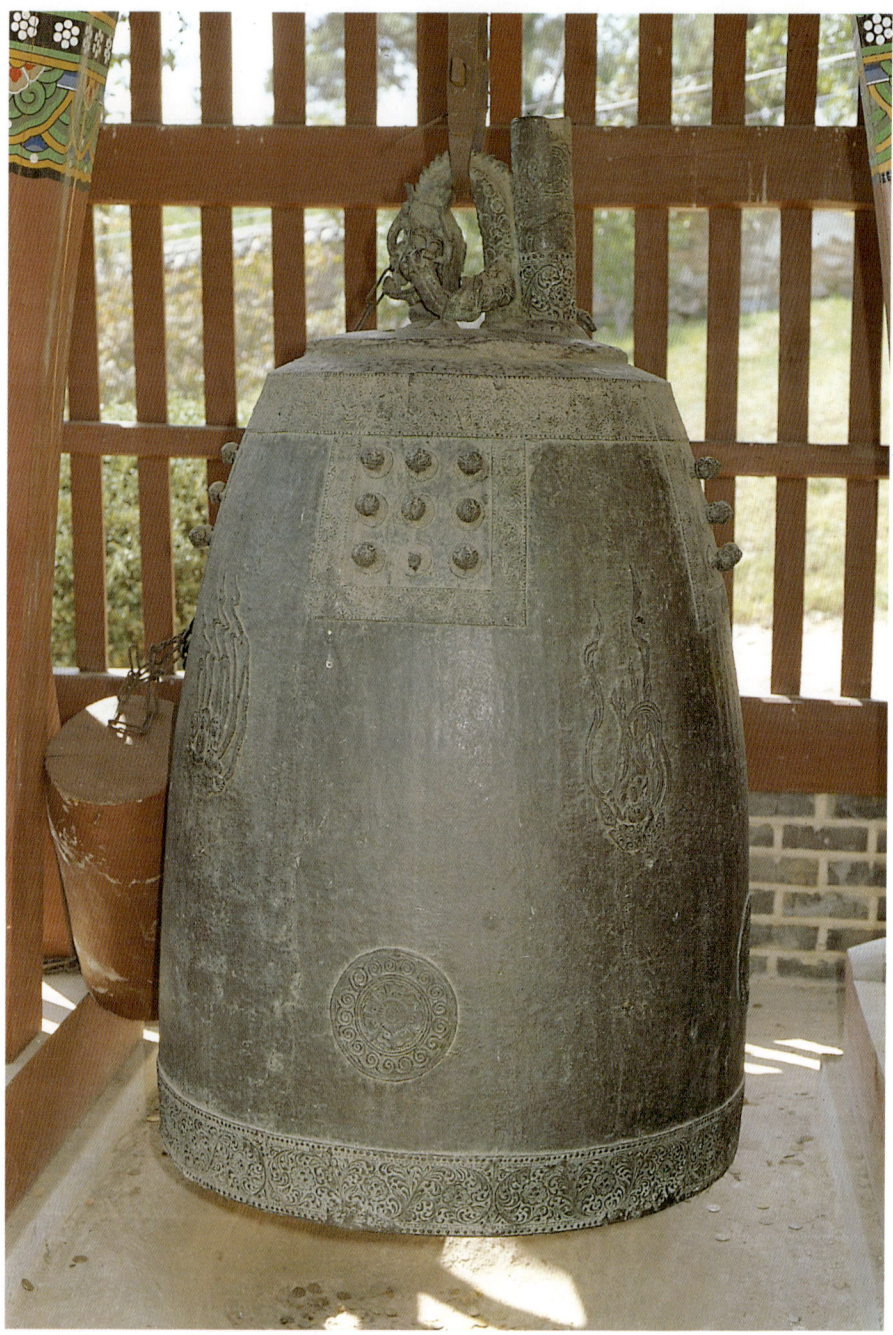

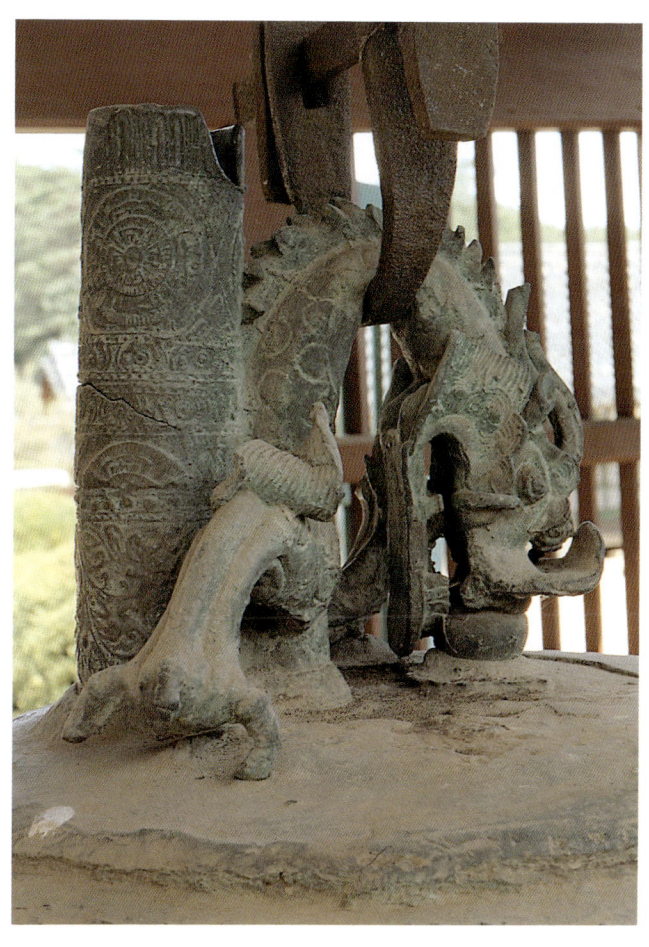

용주사(龍珠寺) 범종 신라 범종의 양식을 가장 충실히 나타낸 고려 범종이다.(왼쪽)
범종의 정상 용두는 천판 위에 보주를 물고, 두 발은 천판을 디뎠으며 종 전체를 들어
 올리는 듯한 형태이다. 용통은 세잔한 연주문으로 둘러서 6단으로 구분하고 있다.
 (오른쪽)

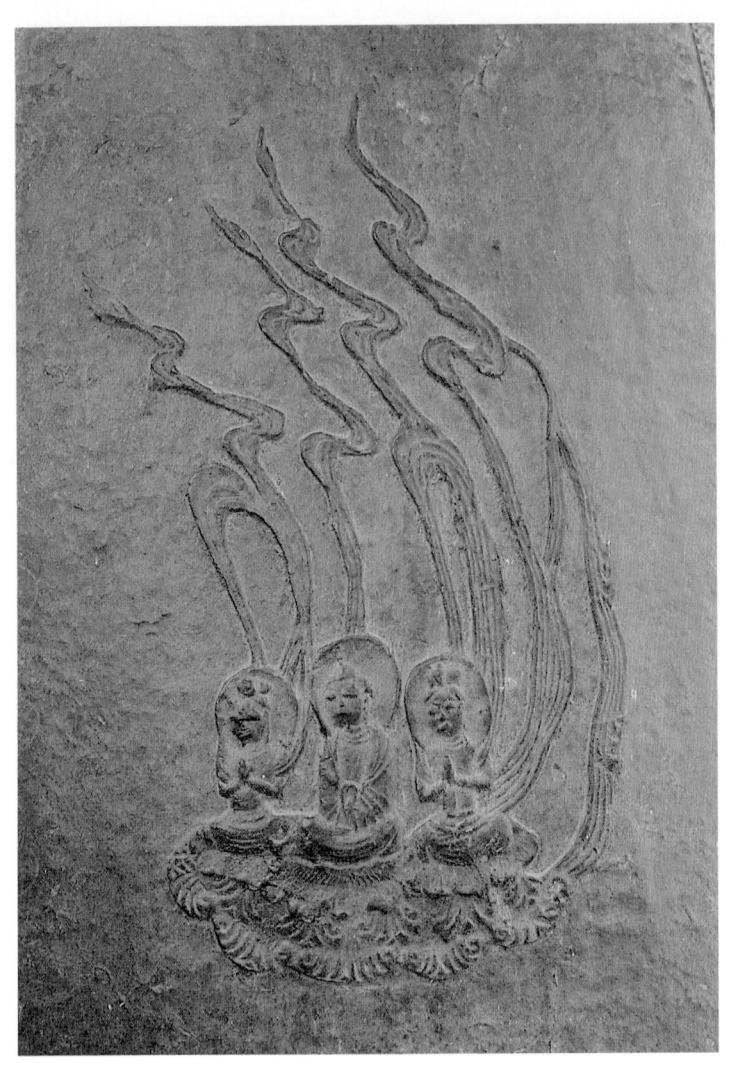

용주사 범종의 삼존상 범종의 몸체에는 천의를 날리는 삼존상을 비천과 교대로 1구씩
배치하고 있다. 이러한 장식법은 특수한 예이다.

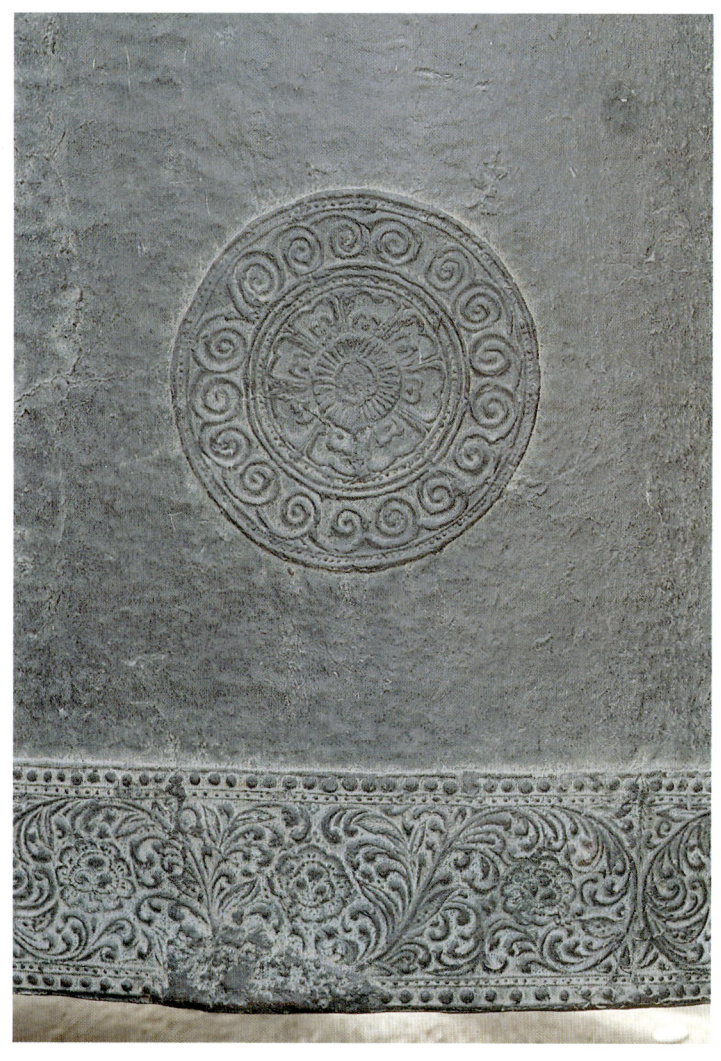

용주사 범종의 당좌와 하대 당좌는 중앙부에 여덟 잎의 연화를 주문양으로 하여 바깥은 연주문대를 장식하고 다시 당초문을 두른 후, 연주문대로 마무리하였다. 하대의 문양은 당초가 한 번 구부러지는 중앙에 8판 내지 9판의 연화문을 독립시켜 배치하고 있는 특이한 장식법이다.

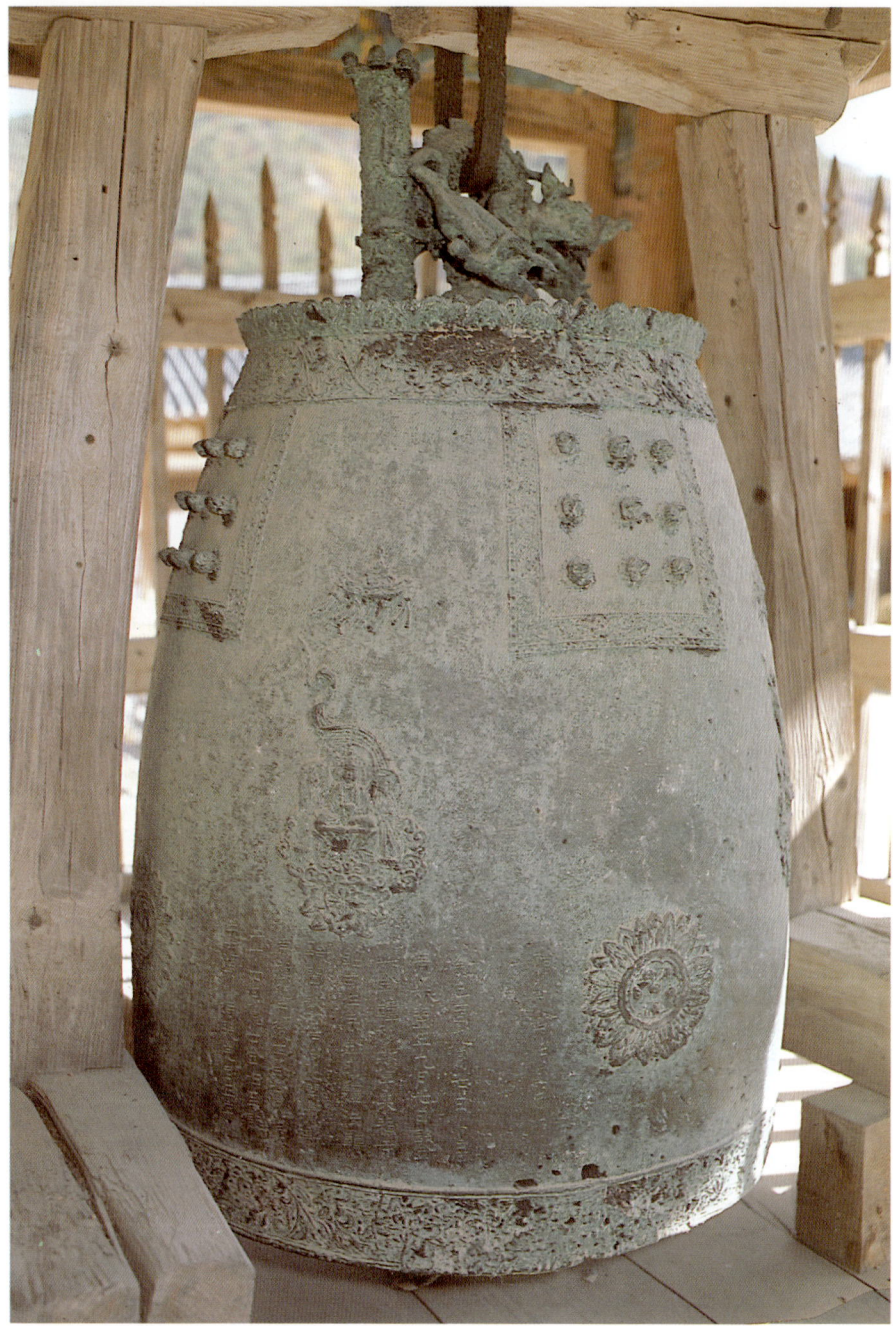

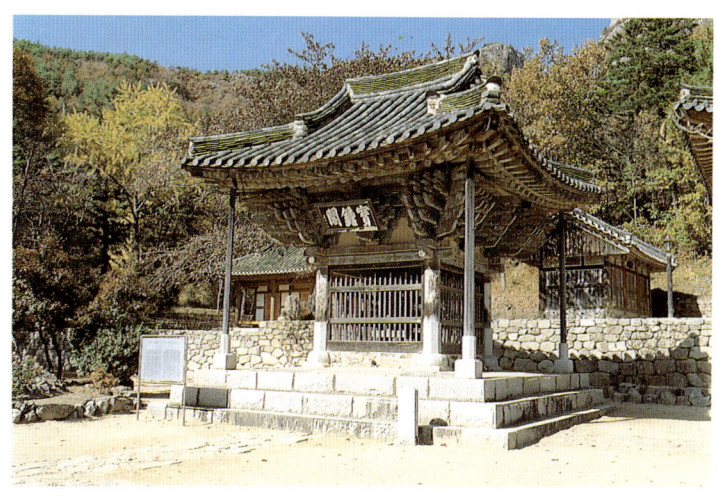

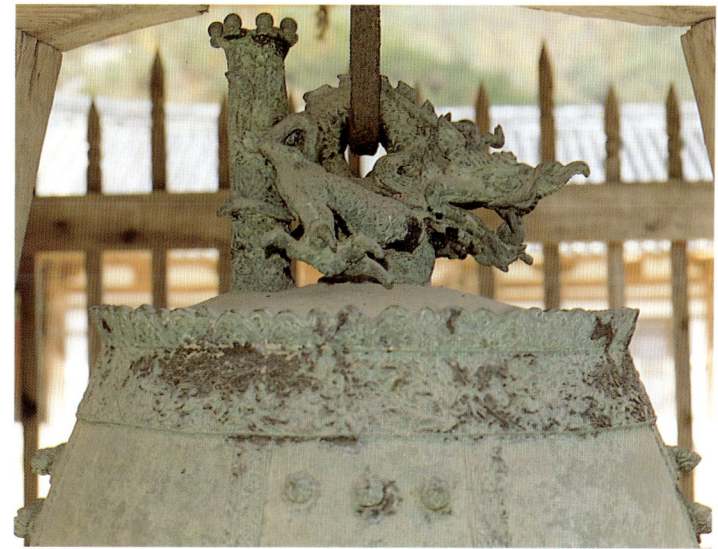

내소사(來蘇寺) 범종　내소사 대웅전 앞 종각에 걸려 있는 고려 후기의 범종이다. 보물
277호(왼쪽, 오른쪽 위)
천판과 상대가 맞닿는 계연 위에 이중으로 된 여의두문의 입상화문대를 정연하게
장식하고 있어 고려 후기 범종의 특색을 여실히 나타낸다.(오른쪽 아래)

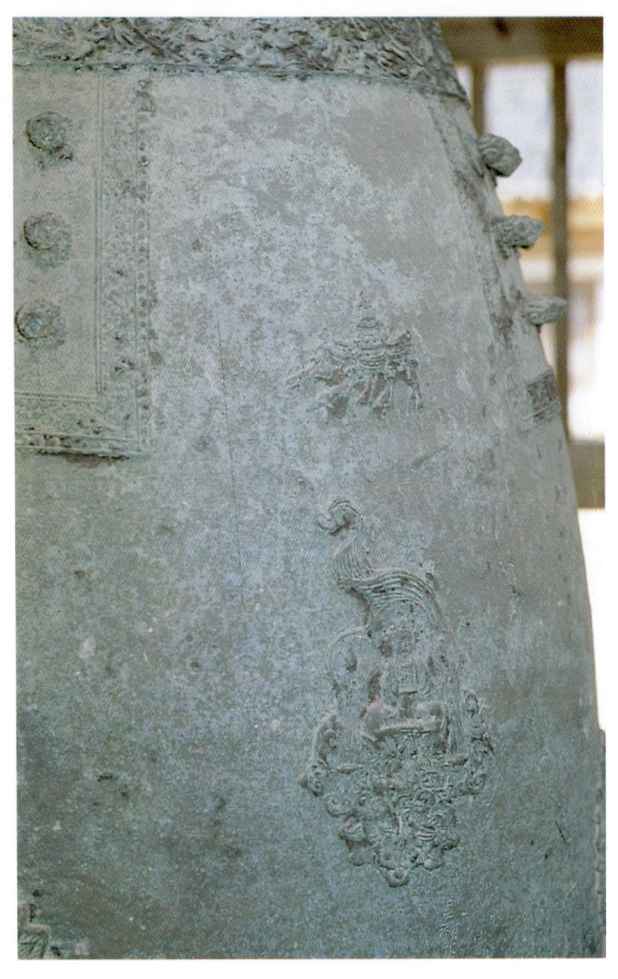

내소사 범종의 종신(鐘身)　　유곽내에는 돌기된 9유가 있고, 종신 중간의 유곽과 유곽 사이에는 만개한 연화가 받치고 있는 운상(雲上)의 삼존상이 네 곳에 양각으로 장식 되어 있다. 구름 끝이 길게 위로 뻗은 상단에는 천개도 표현되었다.

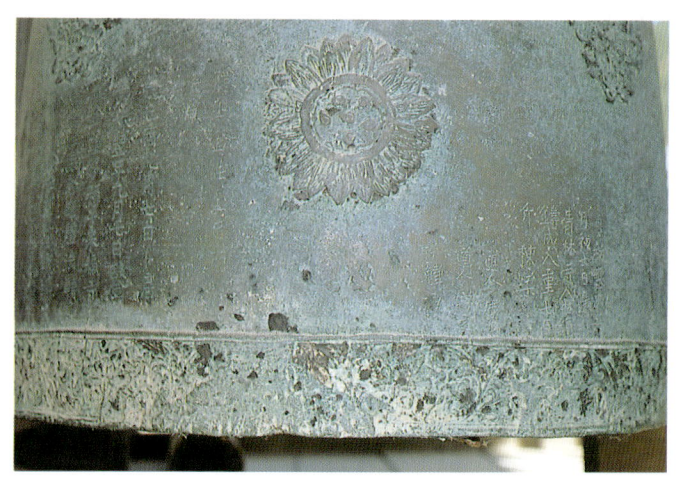

내소사 범종의 명문 특히 종신에 27행의 명문이 있어 범종의 내력과 주조 관계를 확연히 알 수 있다. 정우(貞祐) 임자년(고려 고종 9년)에 청림사종으로 만든 것을 조선 철종 1년에 내소사로 옮겼다는 내용이 새겨져 있다.

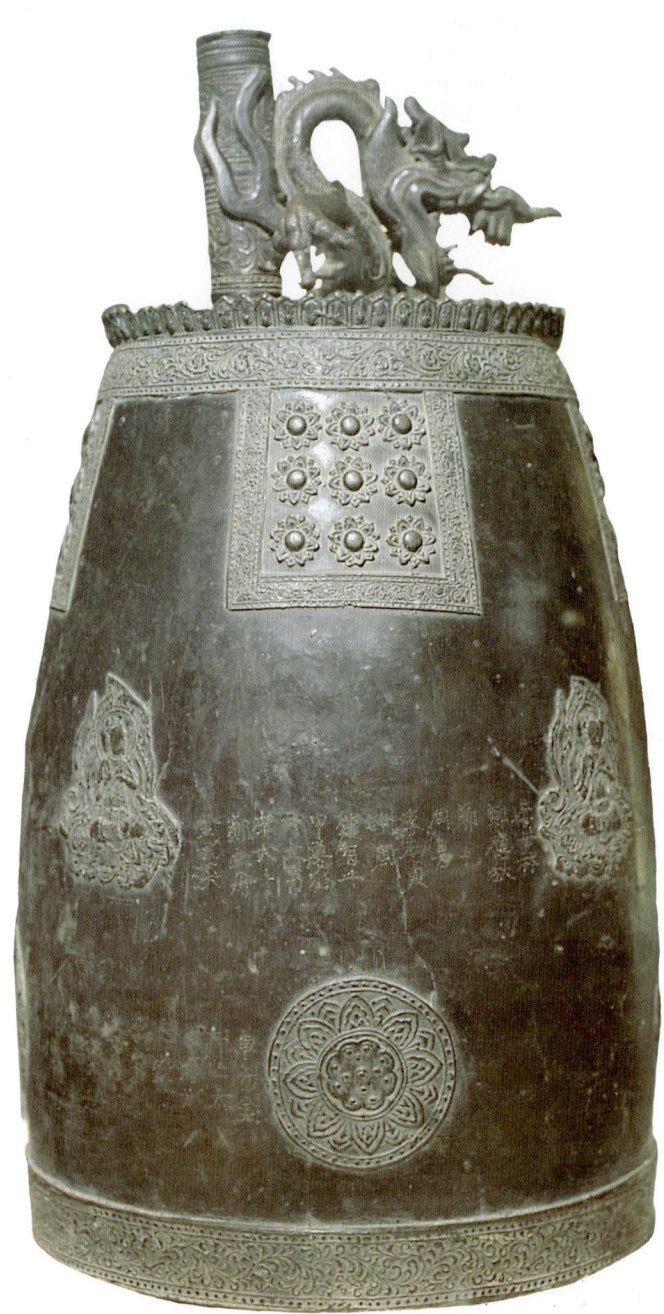

22

탑산사 계사(癸巳)명 범종 중형의 종으로, 문양의 장식 방법이나 양식이 매우 섬세하
며 고조(古調)를 잃지 않은 우수한 고려 후기의 범종이다.(왼쪽)
당좌와 하대 당좌는 연주의 원권내에 팔엽 중판의 연화 당좌이다. 하대는 세잔한 연주
문대를 두르고 화려한 당초문대로 장식하였는데 종신에 이 종의 내력과 계사 10월이
라는 명문이 있다.(오른쪽)

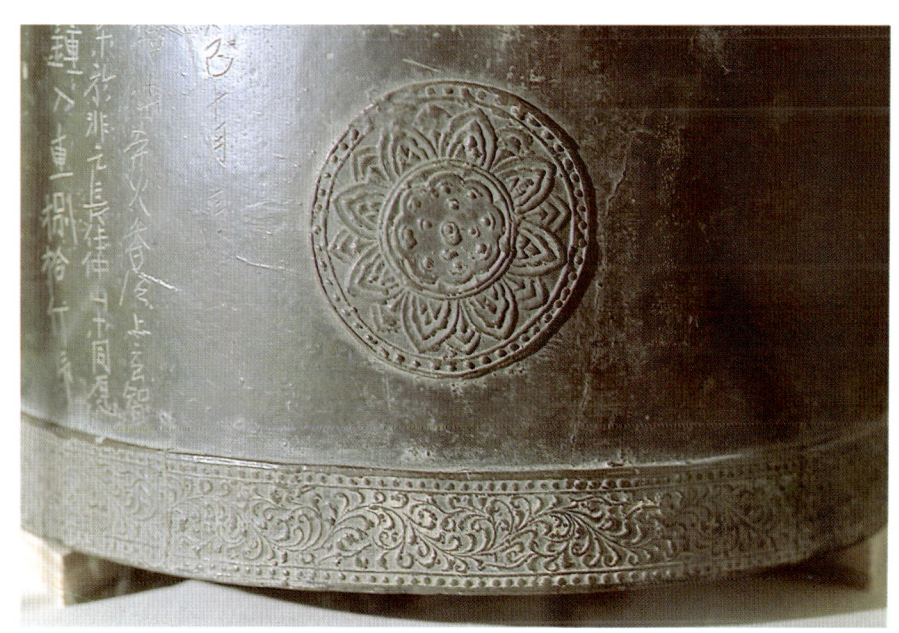

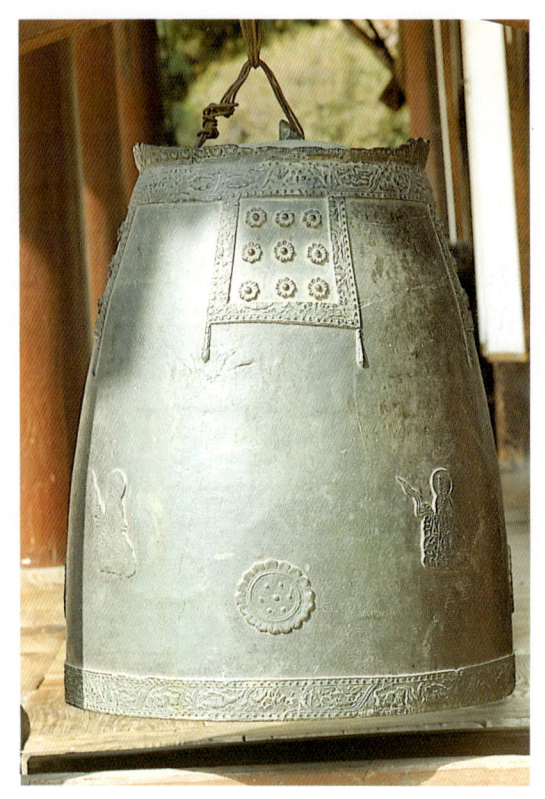

봉은사 홍무 25년명 범종 1392년에 제작된 것으로, 신라나 고려 범종의 양식을 갖추면서도 약간 변화를 보이는 조선종이다.

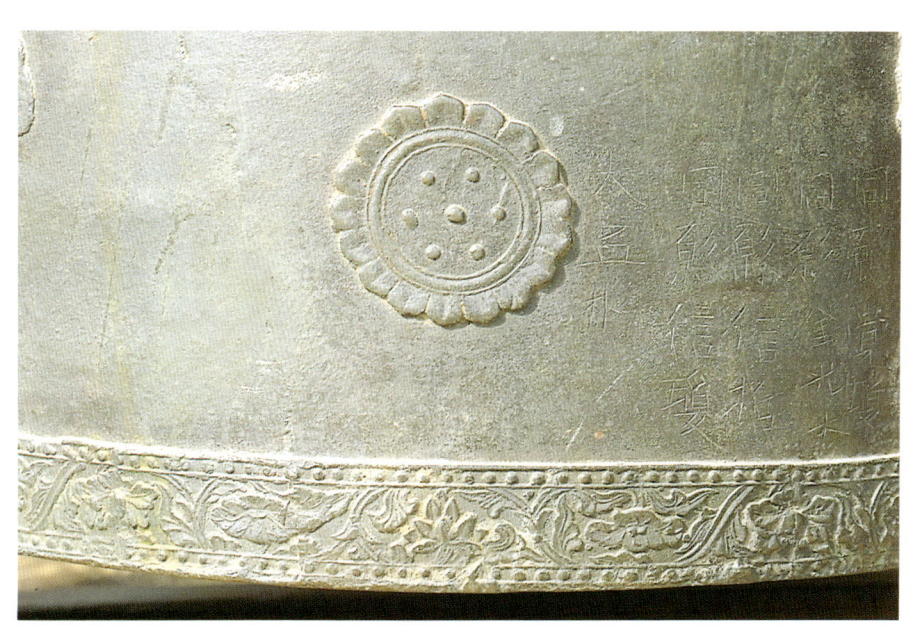

당좌와 하대 봉은사 홍무 25년명 범종의 부분이다. 당좌는 원형의 연화문이지만 중심
자방이나 꽃잎이 매우 도식화되었다. 하대는 상하 연주문을 두르고 사이를 연꽃과
보상화 등으로 장식하였다.

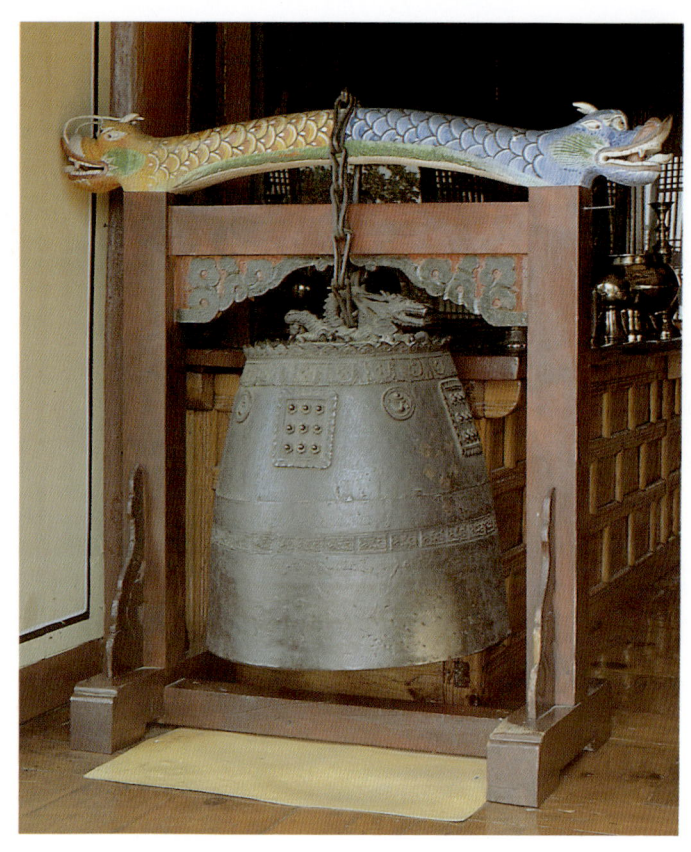

백련사 융경 3년명 범종　1569년인 조선 중기에 제작된 종으로, 서울 서대문구 백련사에서 현재 사용하고 있다.

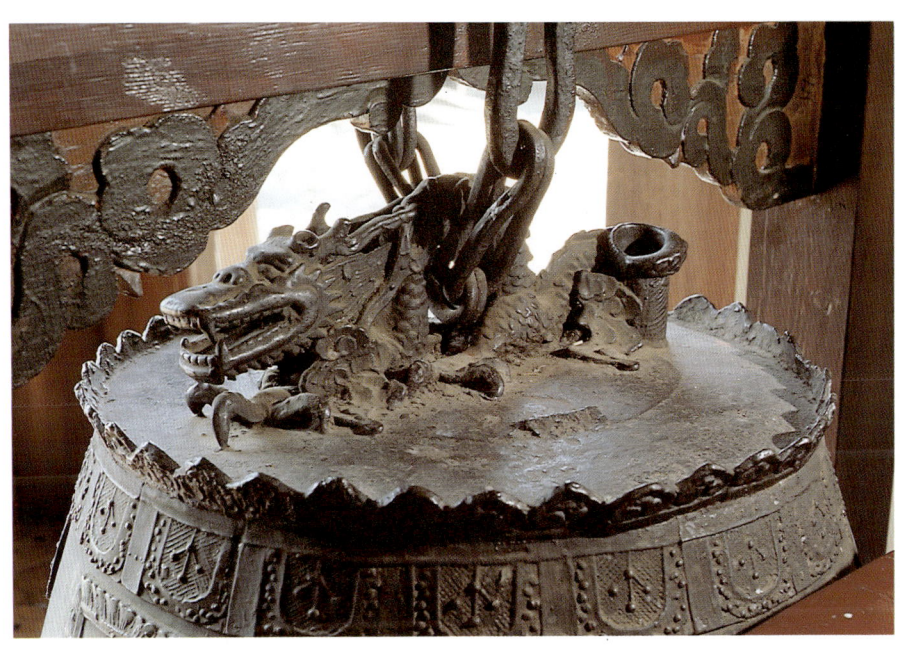

종의 정상부 백련사 융경 3년명 범종의 정상에는 단룡(單龍)의 용뉴와 짧은 용통이
구비되어 있다. 일반적인 용이 종의 전체를 들어올리는 모습인데 비해 이 용은 천판
에 납작 엎드린 모습이다. 그러나 용과 천판면에 오색운과 같은 구름 문양이 표현되
어 있어서 날고 있는 용을 표현했음을 알 수 있다.

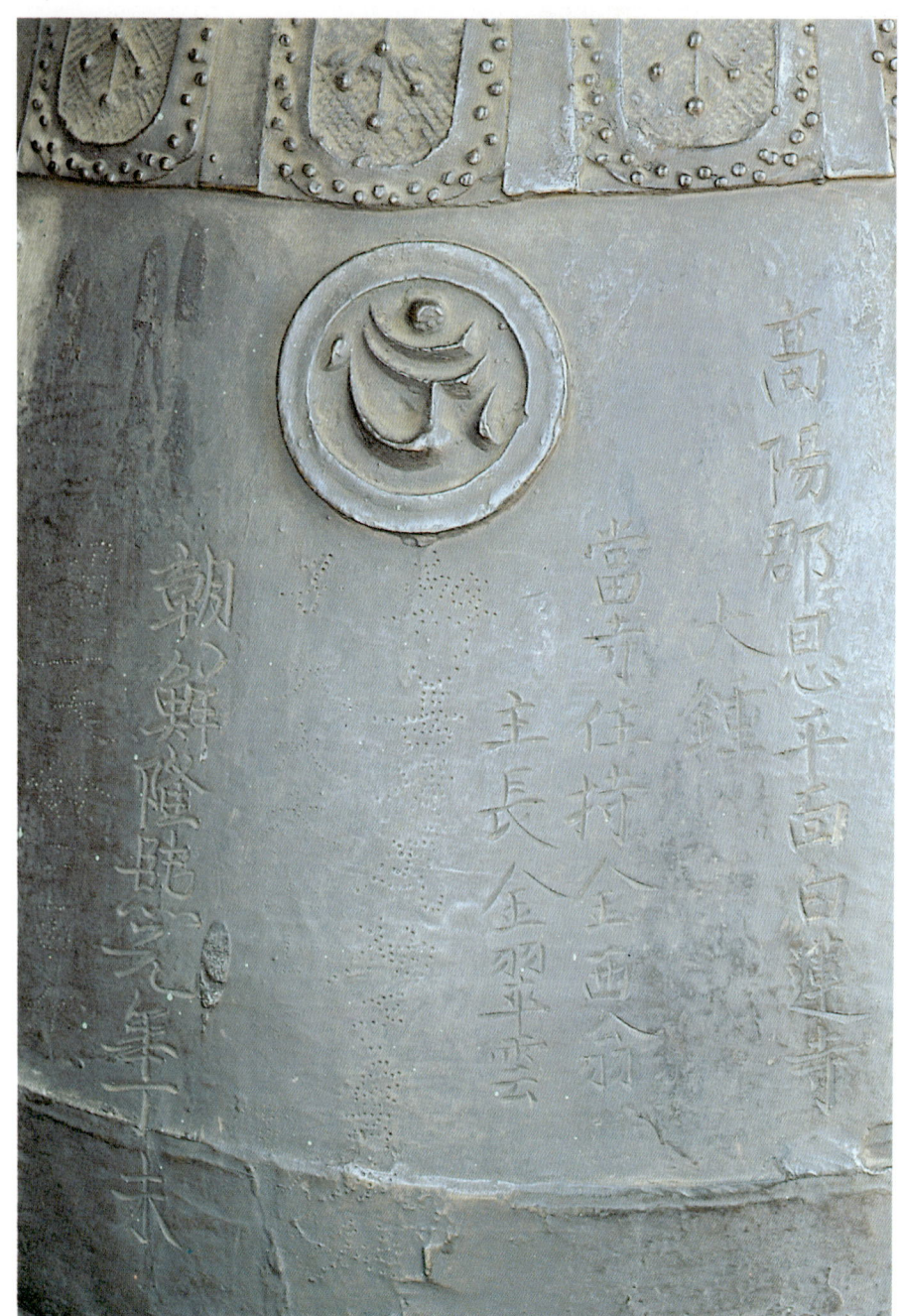

高陽郡恩平面白蓮寺
人鍾

當寺住持人全圓伭

主長金翠雲

朝鮮隆熙元年丁未

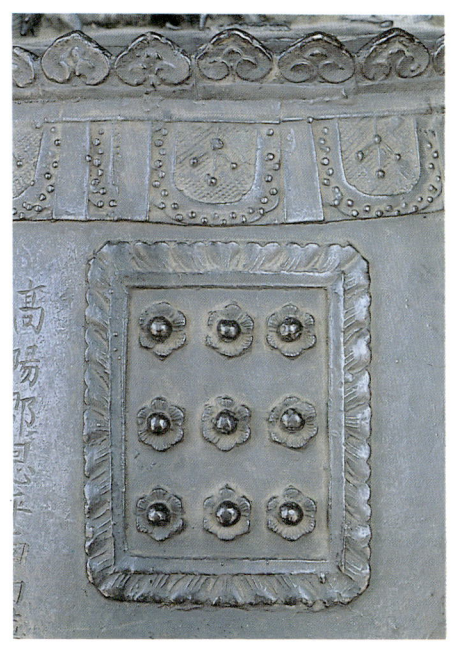

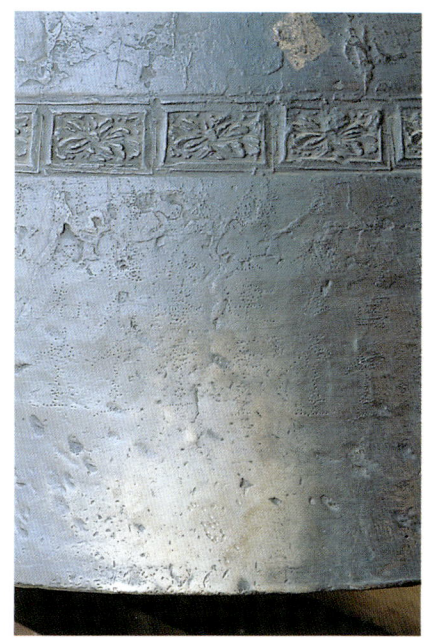

백련사 융경 3년명 범종 명문(銘文) 종신에 융희 원년(隆熙元年)이라 음각되어 있어 1907년에 제작된 것이라고 밝히고 있지만 이 부분은 후대에 새겨넣은 것이다.(왼쪽)

유곽 견대에 붙어 있던 4개의 유곽이 독립되어 있어 조선종의 특징을 구비하고 있다. 유곽내의 9유도 도식화된 화좌유(花座乳)이다.(위 왼쪽)

종신 종의 복부에 도식화된 화문대를 둘렀다.(위 오른쪽)

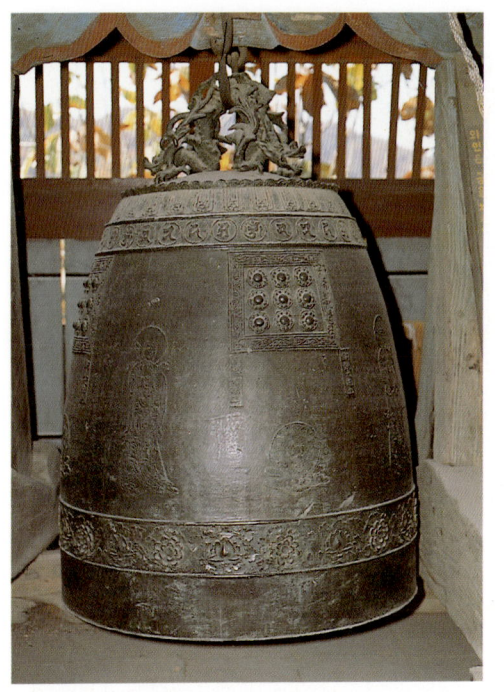

갑사 만력 12년 갑신명 범종 신라, 고려 범종의 형태를 따르면서도 특이한 종의 몸체를 갖고 있다. 상대는 연화와 범자를 둘러 2단으로 표현하였고, 아래와 같이 하대의 구연부 위쪽에 도식화된 문양의 화문대를 두었다. 높이 132.5센티미터, 구경 92센티미터, 보물 제478호(왼쪽)

보살상 유곽과 유곽 사이에 둔 화려한 의습선의 지장보살상이다.(오른쪽)

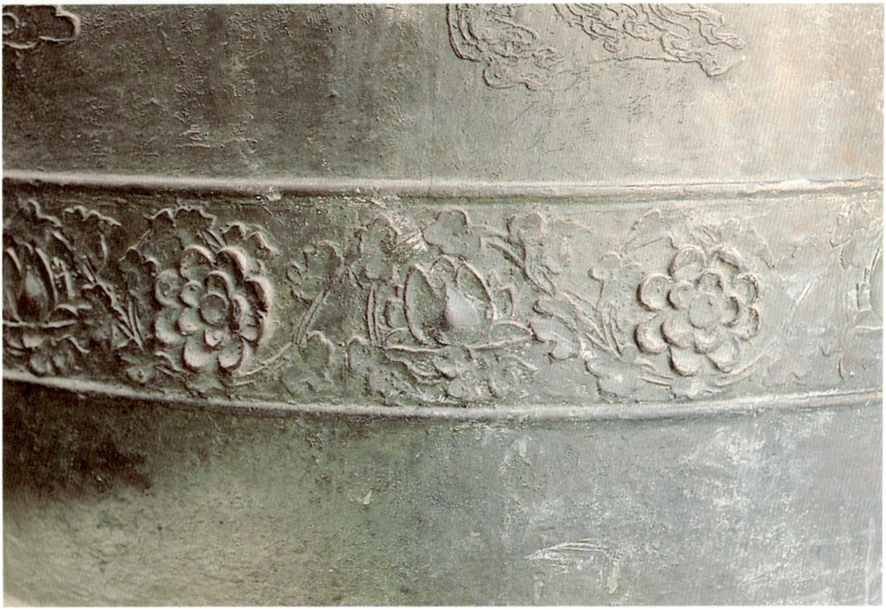

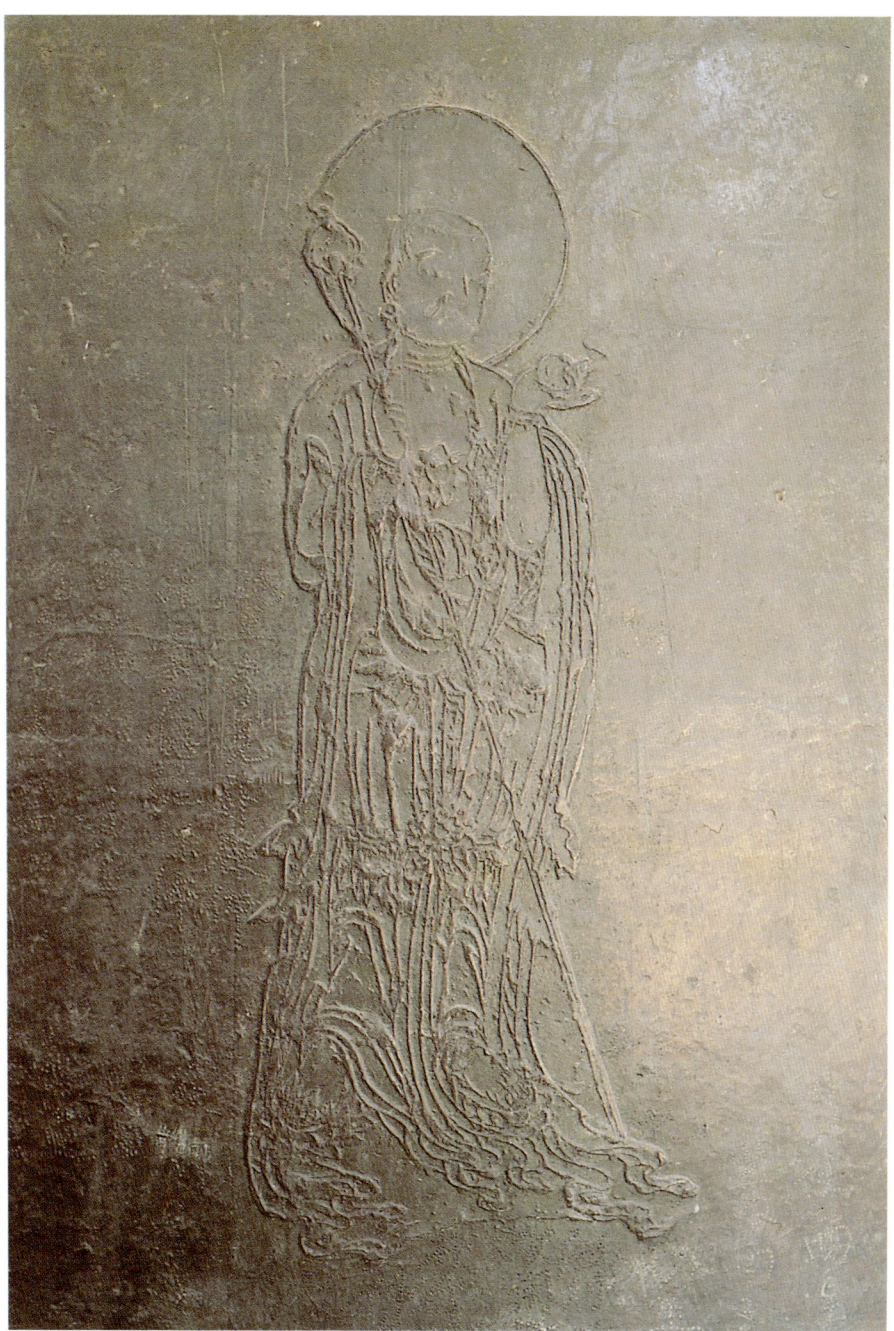

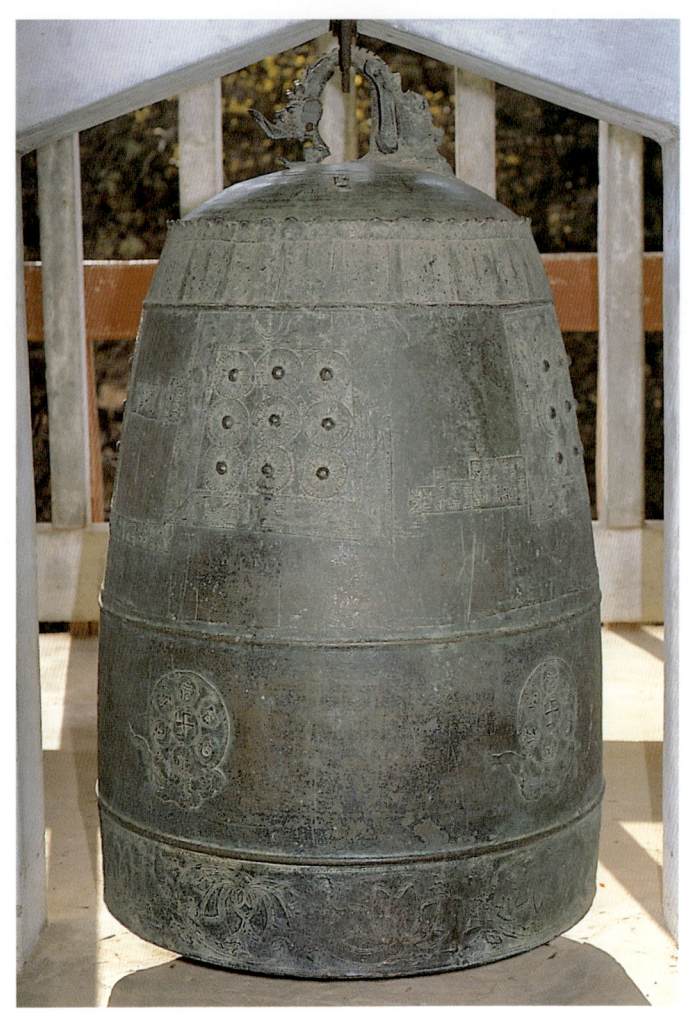

안정사 만력 8년명 범종 1580년에 제작된 것으로 역시 신라, 고려 범종의 형태와
양식을 갖춘 것이다. 유곽대는 상대에 거의 붙어서 자리잡았지만 9유는 도식화된
양각선의 화좌에 표현되었다. 종의 배 부분과 하대 위에 돌기된 선을 둘렀고 그 사이
에 범자가 새겨진 구름 위의 보주를 나타냈다.

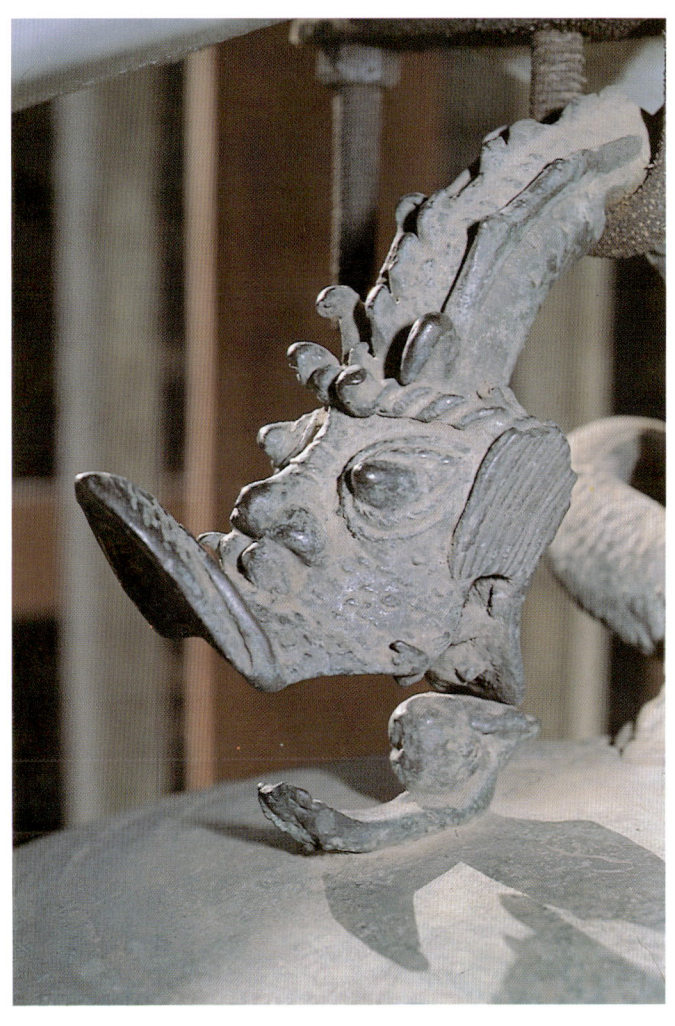

용뉴 왼쪽 종의 정상부에 있는 용이다. 심하게 왜곡된 몸체의 용은 전체에 비늘이
생생히 표현되었고, 힘차게 벌린 입은 긴장된 모습을 보이고 있다.

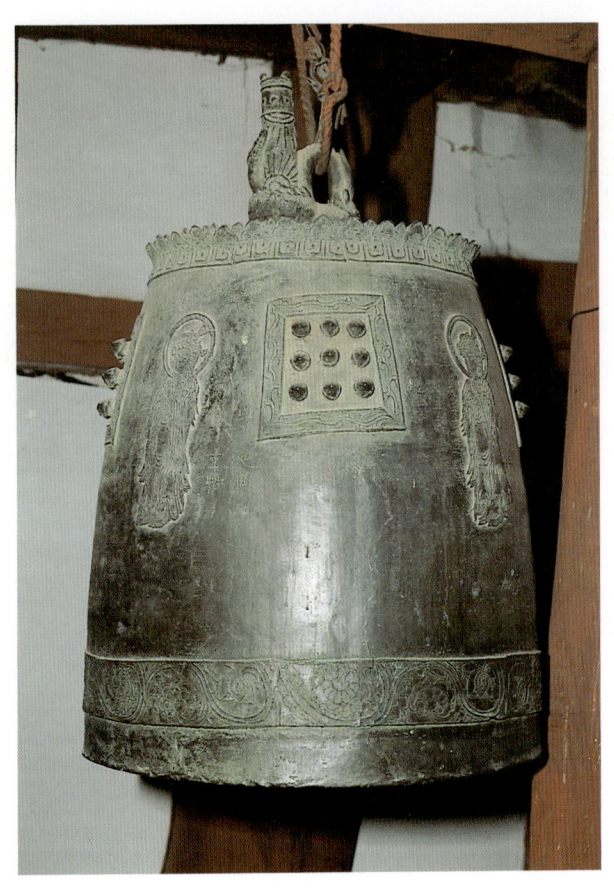

광흥사 만력 11년명 범종 1583년에 제작된 신라, 고려 범종의 형태를 따른 종이다.
현재 경북 안동 광흥사에 소장되어 있다.(왼쪽)
유곽대 천판과 상부의 경계 처리 수법이나 도식화된 연화문의 상대 문양 등이 조선종
의 변모를 보여준다. 아무런 문양도 없는 유두는 화좌도 없이 밋밋한 간지에 표현되
었고, 유곽대에도 퇴화된 당초문이 얇게 양각되었다.(오른쪽)

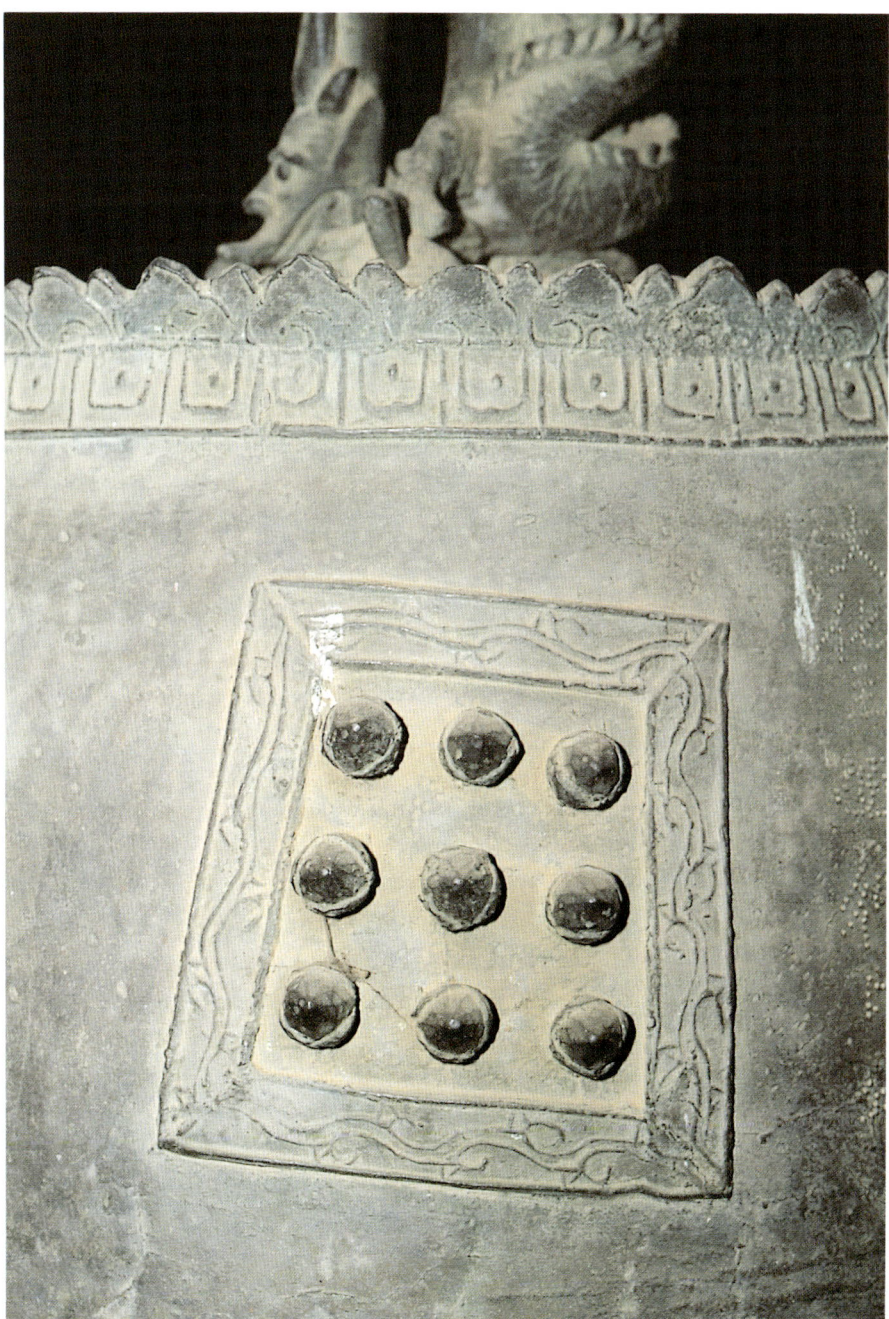

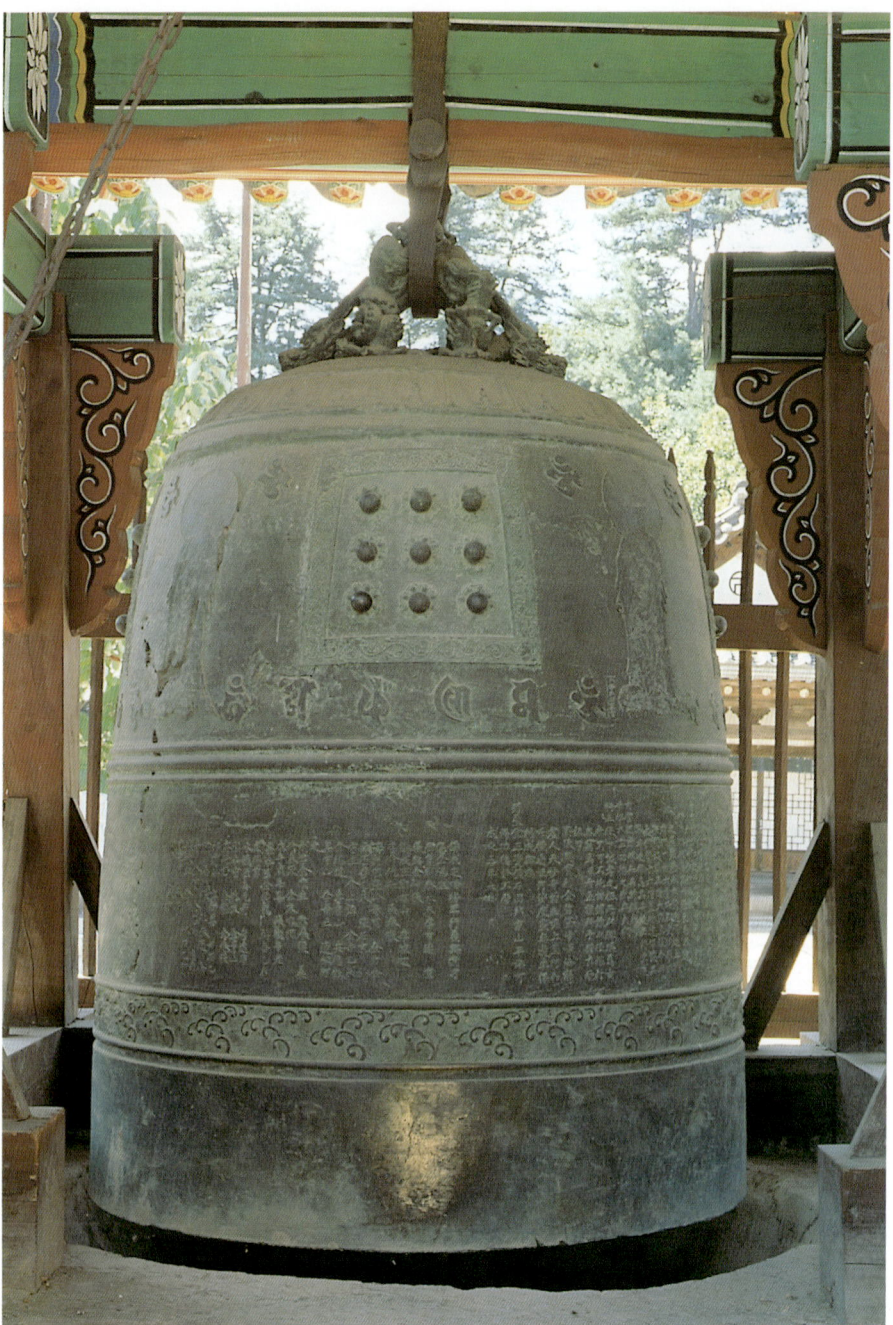

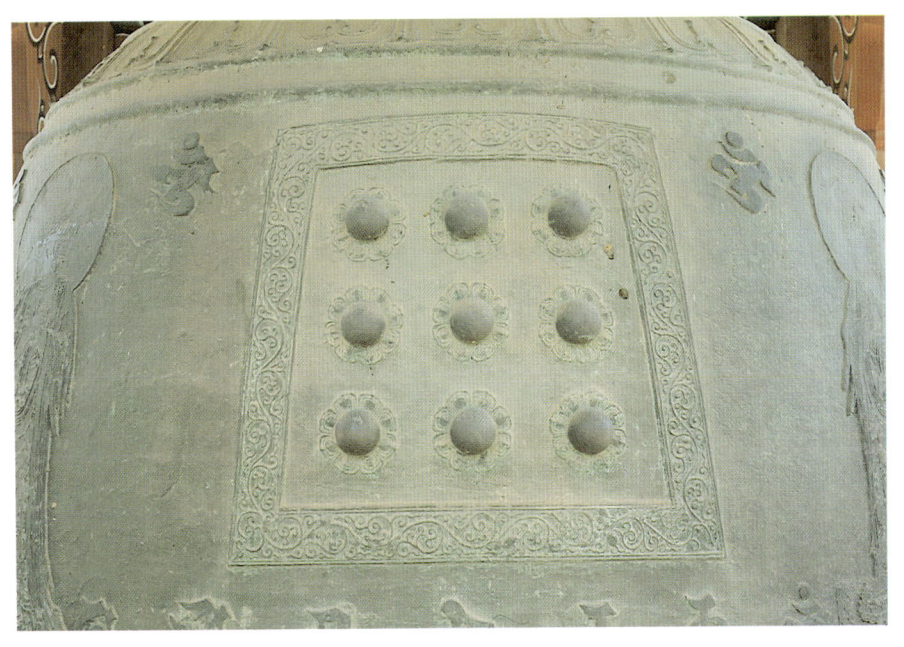

봉선사 성화 5년명 범종 보물 제397호. 경기도 양주군 봉선사에 있으며 높이 238센티
미터, 구경 168센티미터이다. 종의 정상에는 음관이 없이 두 마리 용이 용뉴를 이루
고 있다. 종신은 2개외 엽띠로 어깨와 몸체를 구분하고, 몸체 중앙에는 3조의 엽띠를
둘러 다시 상하로 구분하는 형태를 취하고 있다.(왼쪽)

유곽 연화문을 두른 어깨 밑에 유곽과 보살상이 각 4개씩 교대로 배치되어 있다. 유곽
의 띠 안에는 인동 당초문이 가득 새겨졌고 9유도 모두 연화좌에 표현되었다.(오른
쪽)

無疆馬曰布金謹拜手稽首而

銘曰

園陵開寶利金碧聳峰嵥法樂

震人天妙音韶幽明上至阿加

吒橫遍恒河沙庹盡無邊生福

利成無瘝

列聖登正覺盤石固邦家山平海可

　渴功德終不磨

成化五年七月　日

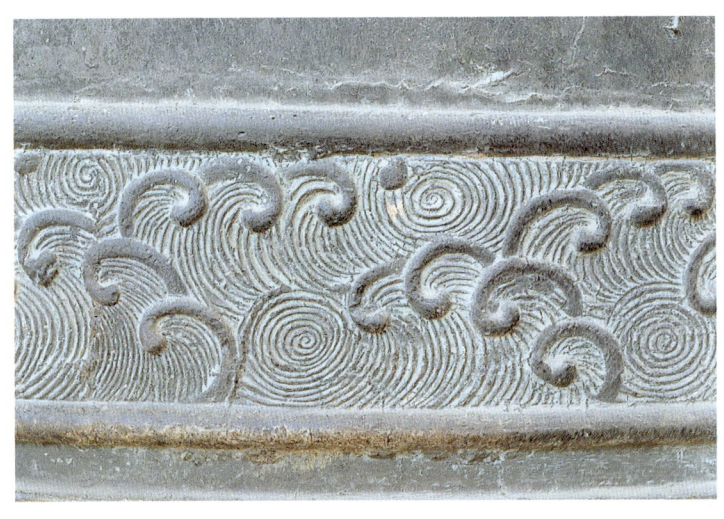

명문(銘文) 봉선사 성화 5년명 범종의 명문이 새겨진 부분이다. 강희맹이 글을 짓고 정난종이 글씨를 쓴 이 명문은 제작 연혁과 시대를 확실히 나타낸다. 이것에서 보이는 성화 5년(成化五年)은 1469년임이 확실하며 화원, 주성장, 조각장 등 종을 만들 때 관계하였던 사람들의 이름이 열기되어 있다.(왼쪽)

파도문 봉선사 성화 5년명 범종 몸체의 중앙에 두른 엽띠 속에 표현된 파도문은 조선시대의 특징을 잘 드러내는 것이다.(오른쪽)

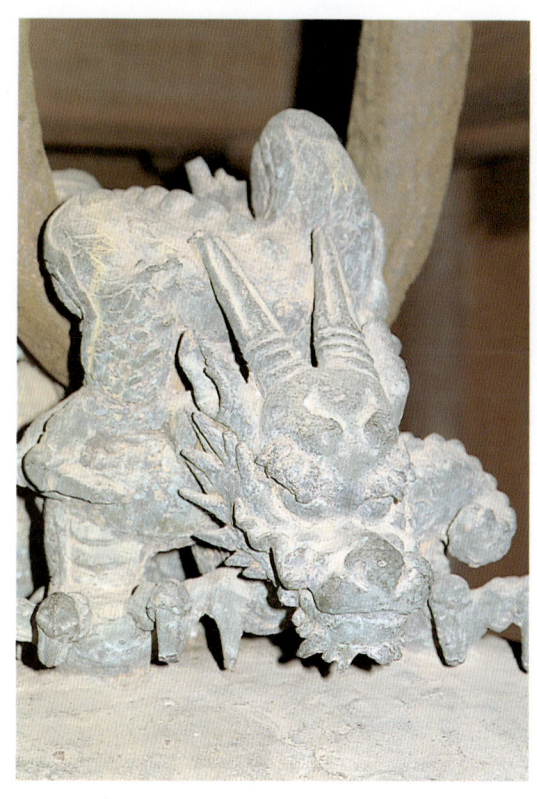

낙산사 성화 5년명 범종 보물 제 479호, 높이 158센티미터, 구경 98센티미터의 거종
이다. 왼쪽은 용뉴로 두 마리의 용이 서로 엉겨 발과 몸의 일부가 종신에 고착되어
이루어진 것이다. 매우 사실적인 표현으로 웅건한 기품을 나타내고 있다. 오른쪽은
종 전체의 모습으로 상대와 하대 엽띠 등의 특징을 드러내고 있다.
1496년인 성화 5년 기축 4월에 주종하였다는 확실한 기록이 남아 있는 이 종은 조선
초기의 중요한 거종이다.

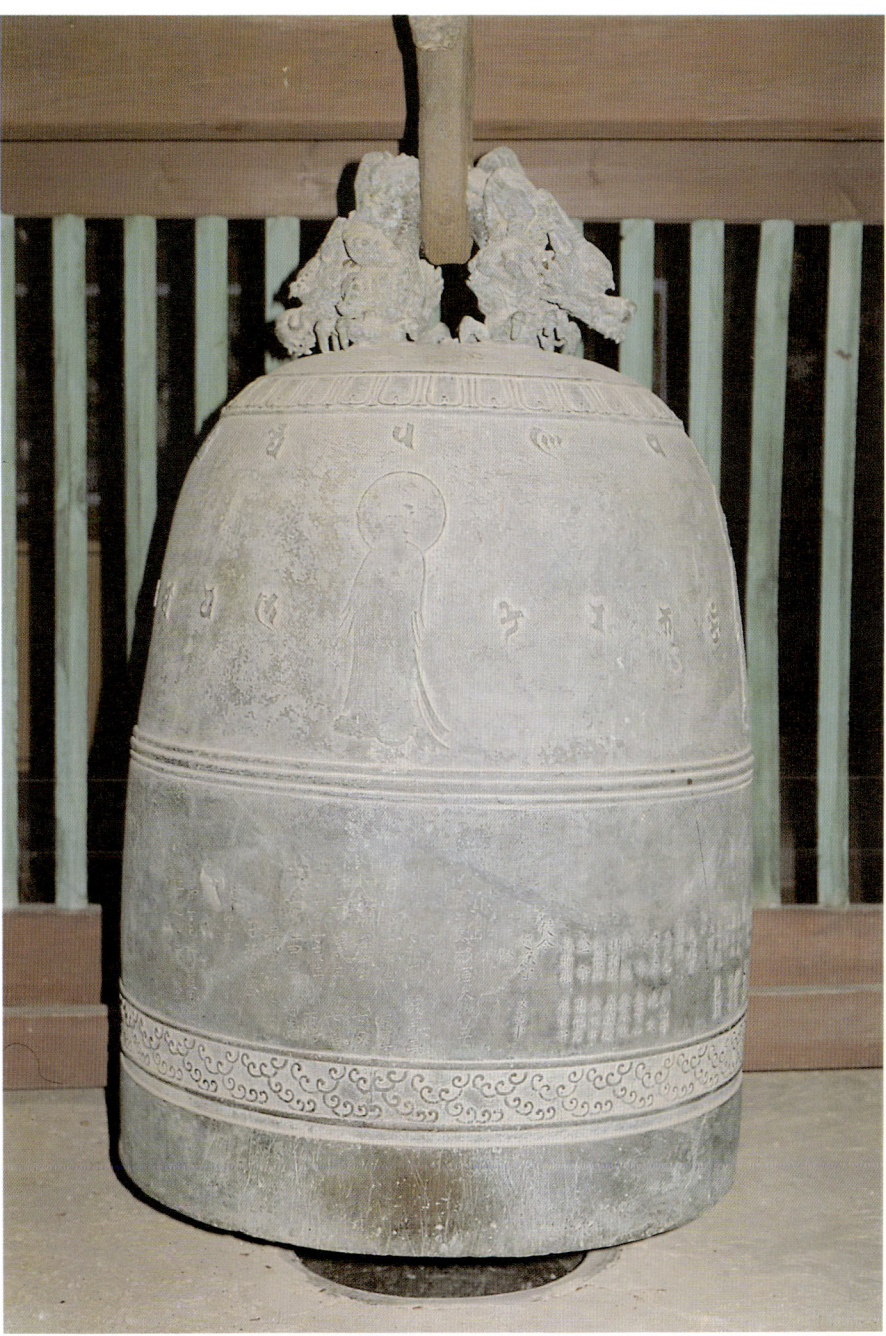

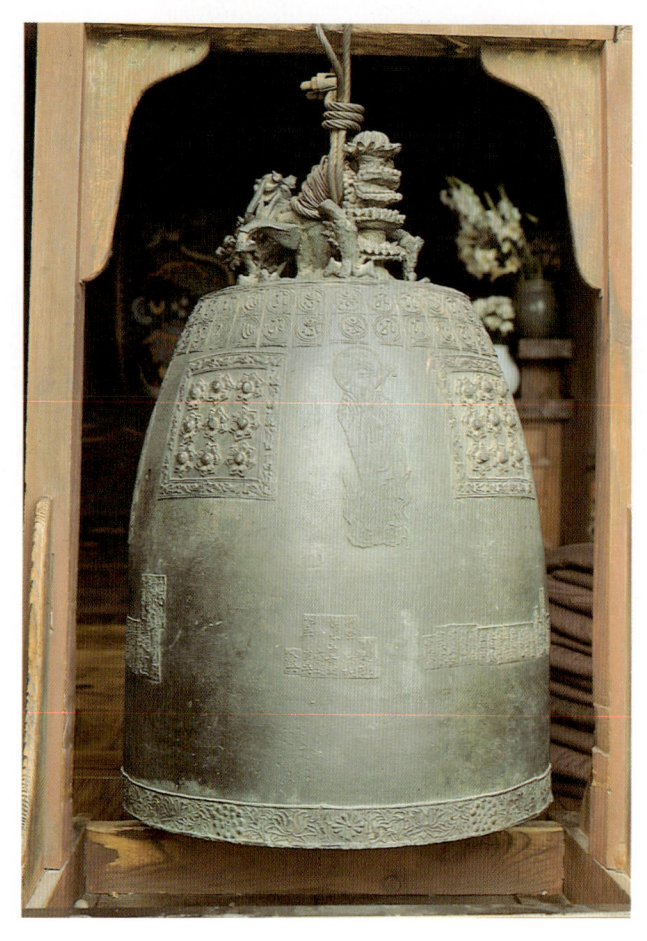

봉은사 강희 21년명 범종 시주자의 이름까지 자세히 나열한 조선종의 특징을 보인다. 명문에 의하면 강희 21년(1682)에 남한산성 장경사(長慶寺)에서 만든 것이다.

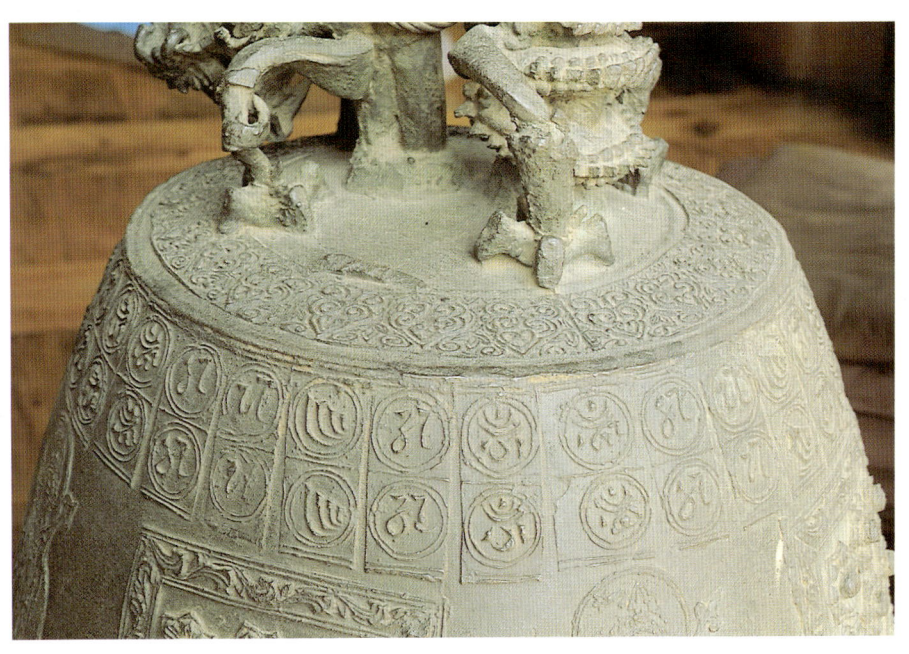

종정 봉은사 강희 21년명 범종 천판에도 도식화된 문양대를 배치하여 이중으로 된 범자띠를 상대에 두르고 있으며 천판의 문양띠와 구분하게 하였다. 얕은 돋을 새김으로 표현된 문양과 같이 용뉴도 도식화되어 느슨한 감을 준다.

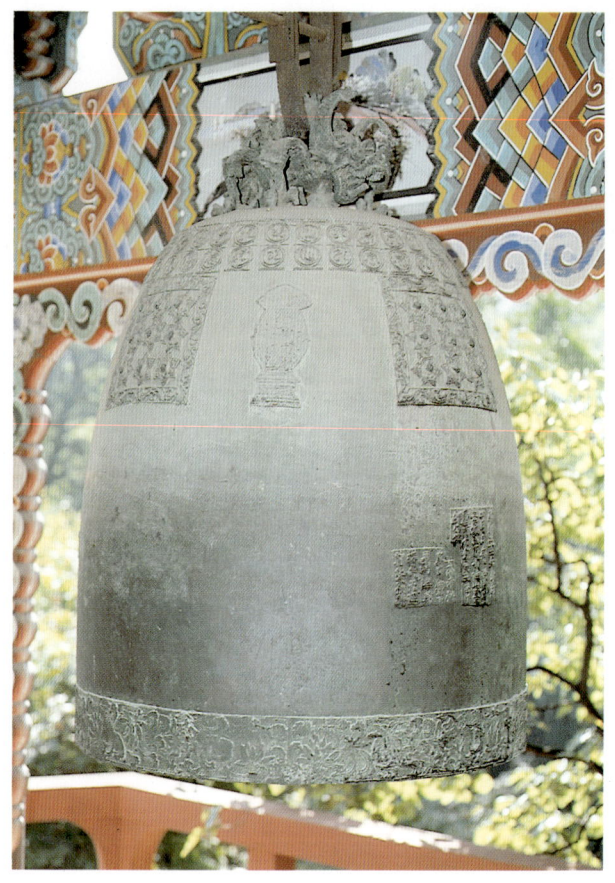

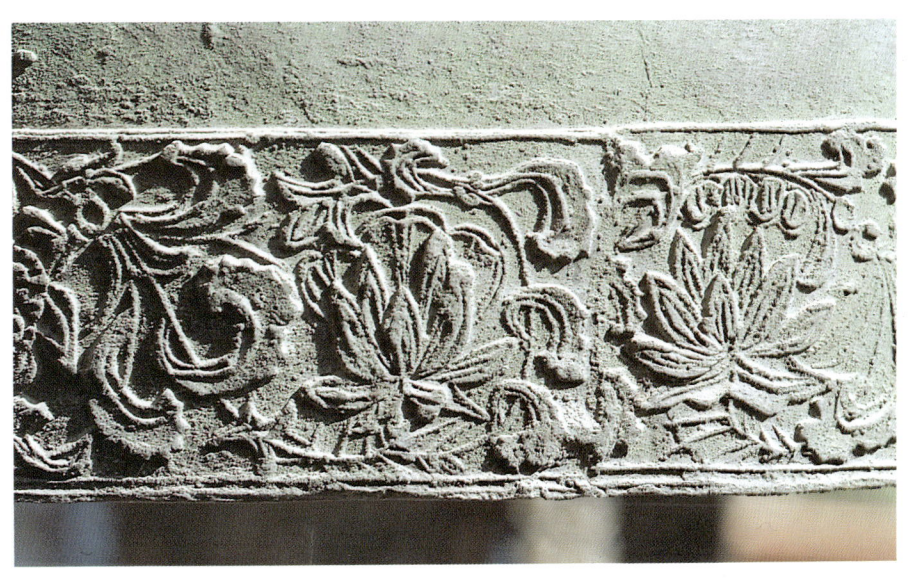

화계사 강희 22년명 범종 서울 도봉구 수유동 화계사의 종각에 있는 1683년의 종이
　　다. 종구(鐘口)가 벌어진 형태로, 전통 양식이나 숭국 범종의 양식과도 차이가 있는
　　종이다.(왼쪽)
하대 가는 두 줄의 엽띠를 하단에 둘러서 아랫띠를 만들었다. 띠 안에는 사실적인
　　연꽃을 배치하여 문양대로 만들었는데 다소 평면적인 느낌이다.(오른쪽)

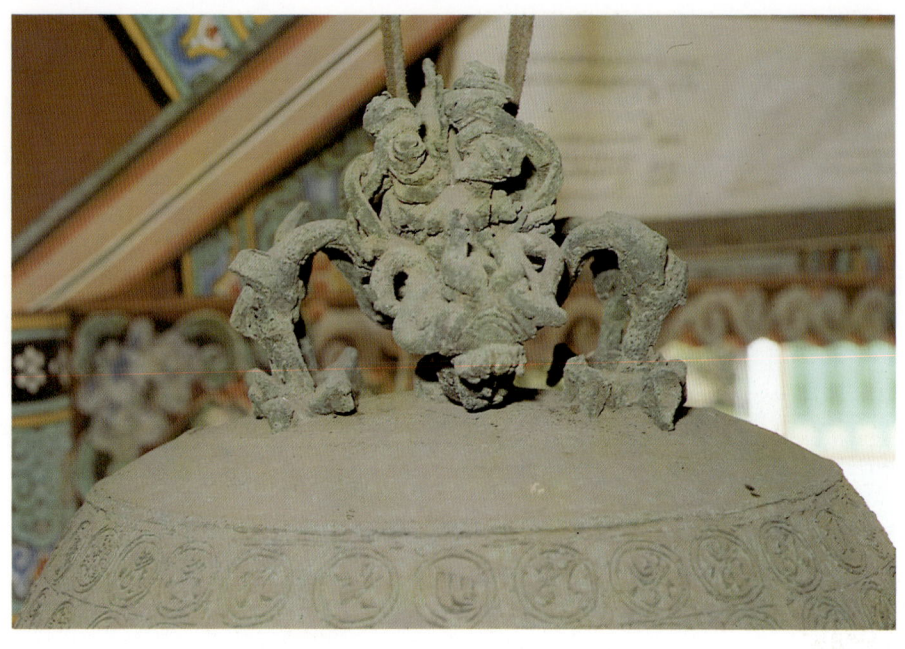

화계사 강희 22년명 범종의 종정 정상부에는 쌍룡을 배치하여 용뉴를 만들었고, 천판
은 아무런 문양 없이 어깨로 완만히 이어짐을 보여준다.(왼쪽)
  상대에는 범자(梵字)를 2줄로 배치하여 장식하였다. 그 바로 아래에 있는 유곽은
조선시대 후기에 보이는 일반 형태의 유곽이다. 유곽대는 도식화된 식물문으로 채우
고 9개의 유두는 6잎의 꽃받침 위에 6잎의 둥근 꽃잎을 새기고 그 속에 유두를 배치
하였다.(오른쪽)

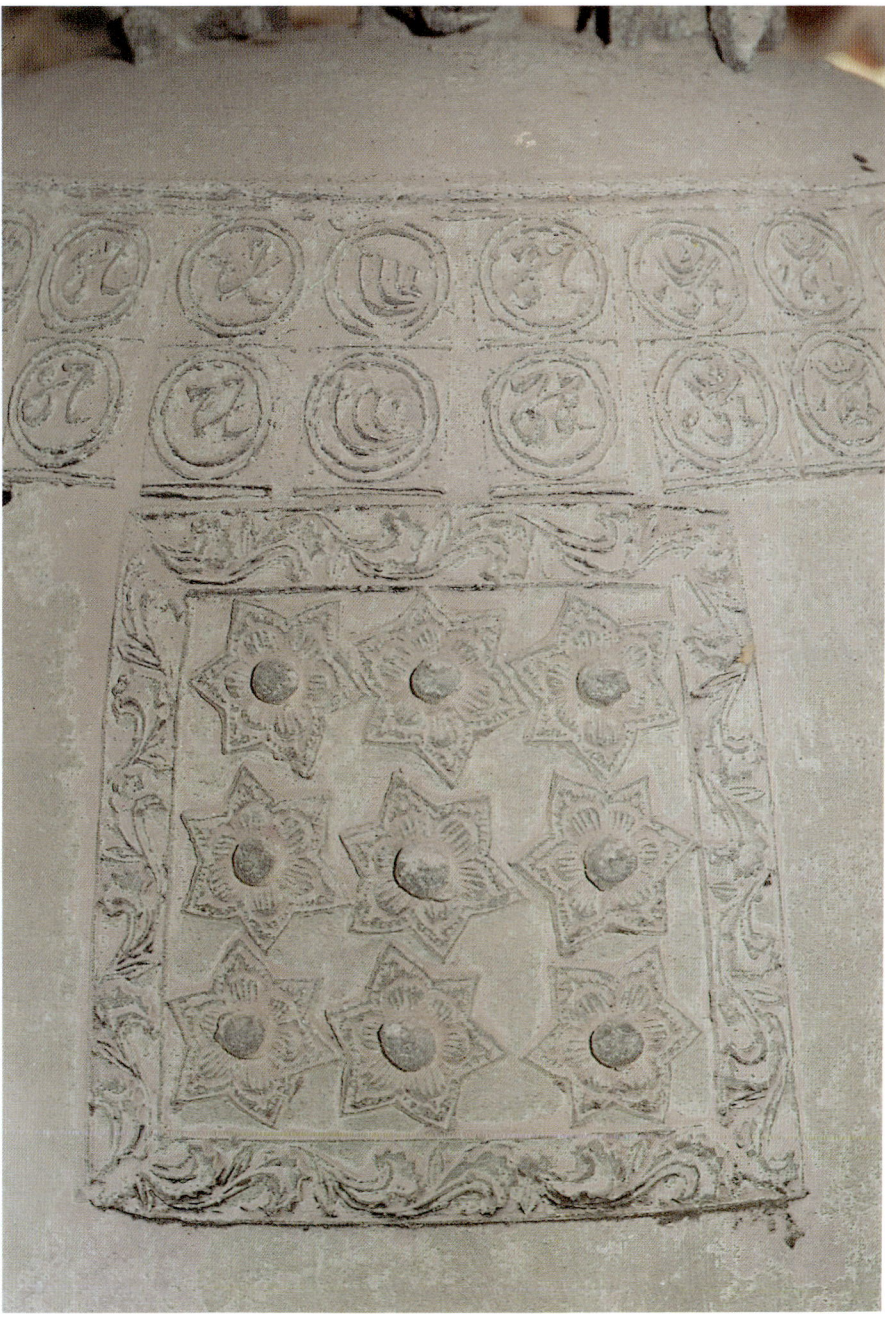

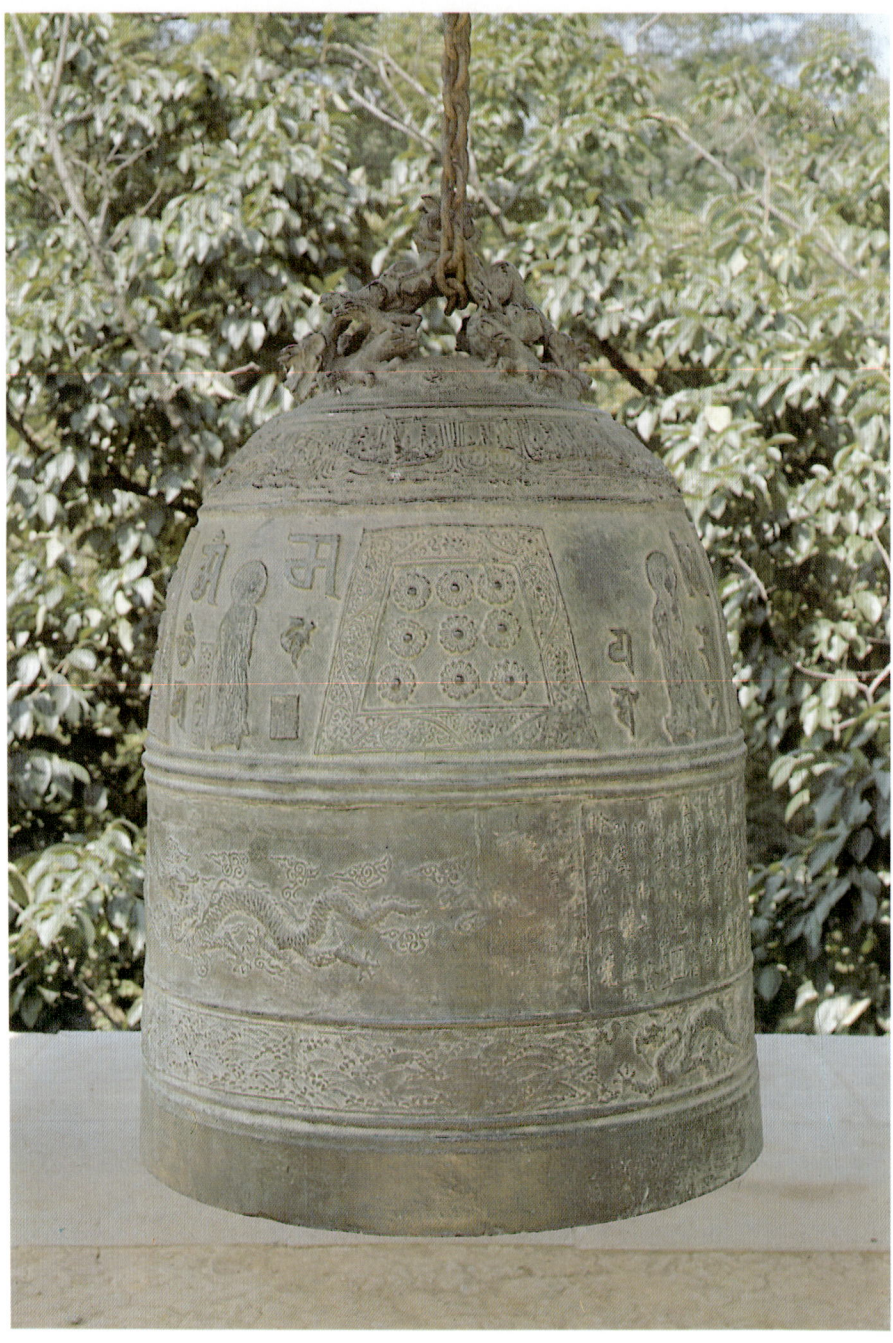

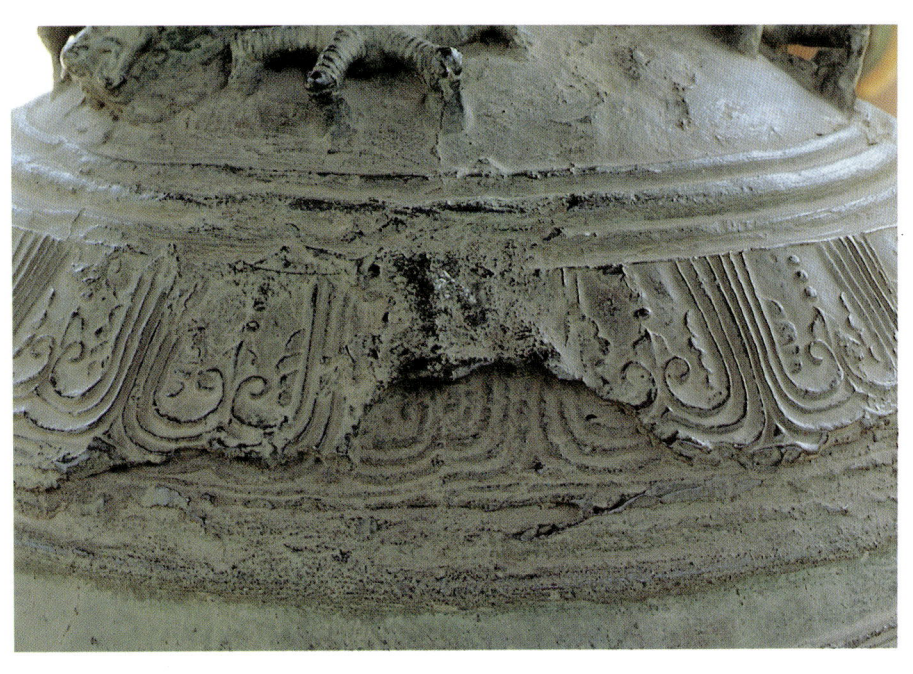

보광사 숭정 7년명 범종　1634년에 제작된 이 종은 조선시대 범종의 양식을 잘 보여주는 종이다. 음관이 없는 쌍룡의 용뉴를 갖고 있고, 상대에서 떨어져 사다리꼴로 생긴 유곽과 몸체에 장식된 파상문 등에서 조선시대 범종의 형식을 드러낸다.(왼쪽)
견대　도드라진 3줄의 가는 선을 돌려 천판과 경계지게 하였고 밑으로 변형된 연화문을 화려하게 나타냈는데, 표면이 고르지 않아 주종시에 정밀하게 장식되지 않았음을 짐작하게 한다. 이 밑으로 다시 3줄의 굵고 넓은 선을 둘렀다.(오른쪽)

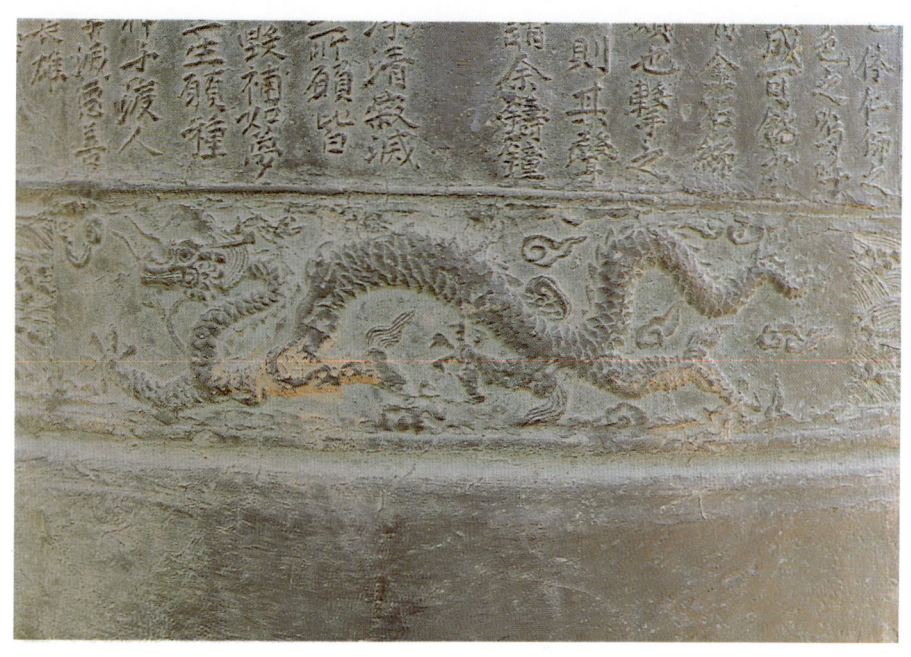

하대　보광사 숭정 7년명 범종의 하대이다. 파상문과 용문을 교대로 배치하여 문양대를 이루었다. 몸체에 새겨진 명문에는 보광사의 연혁과 범종을 만들게 된 경위, 시주자들에 대해 자세히 열기되어 있다.(왼쪽)

보살상　유곽과 유곽 사이에 새겨진 합장한 보살상이다. 이 보살상 주위에 양각으로 범자(梵字)를 새겼다.(오른쪽 위)

전서체 명문　명문이 끝나는 지점에 도장과 같은 구획 속에 전서체의 글씨가 양각으로 새겨져 있다.(오른쪽 아래)

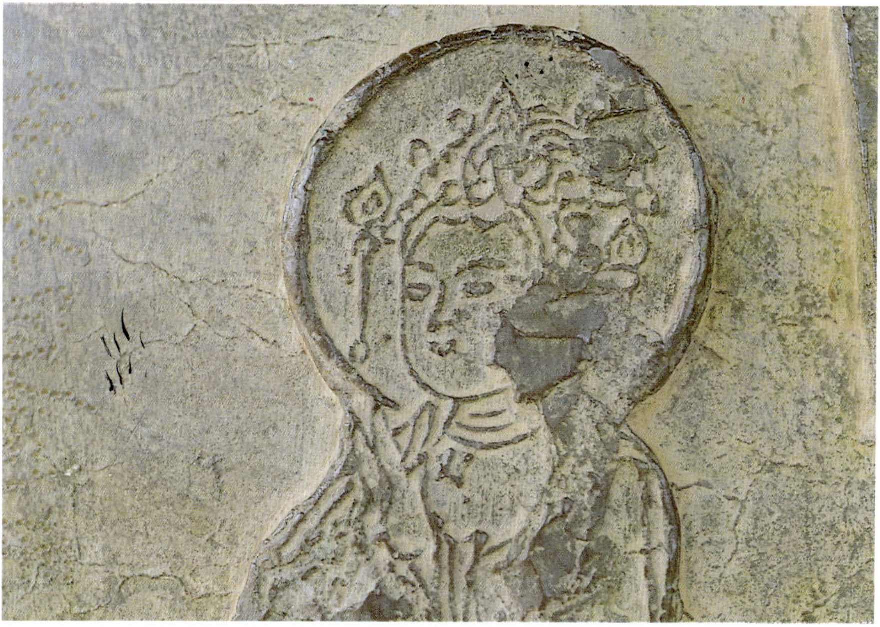

용흥사 순치 원년명 범종   전남 담양군 월산면 용흥사에 소장된 조선시대 범종이다. 순치 원년은 1644년으로 인조 22년이다. 종의 높이는 78센티미터, 구경 66센티미터, 지방유형문화재 90호.

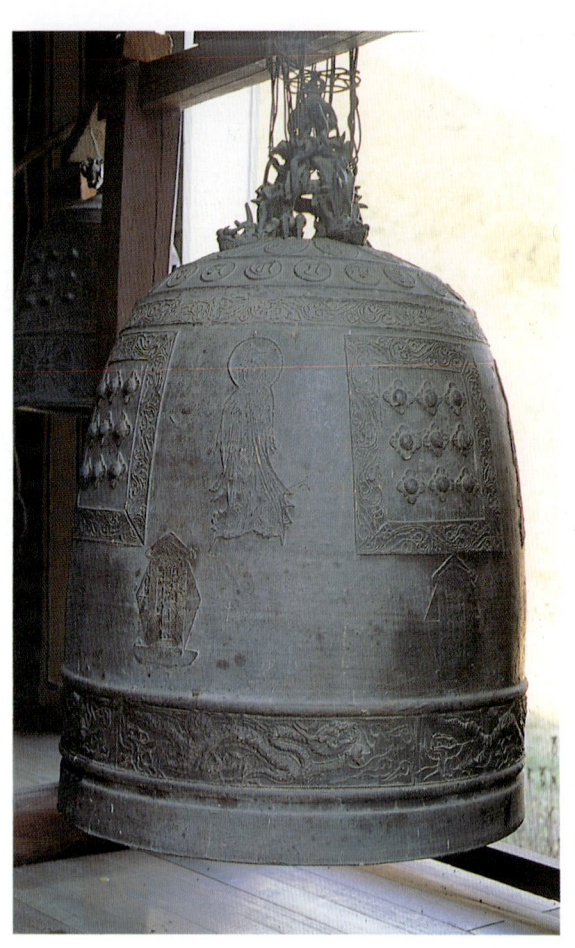

종정(鐘頂) 다른 종들의 종정에는 쌍룡이 배치되어 용뉴를 이루고 있는데 반해 용흥사 순치 원년명 범종은 4마리의 용이 서로 엉겨 몸이 닿은 두 마리 용이 구름 문양에 싸여 있는 보주를 갖고자 다투는 듯 표현하고 있다.

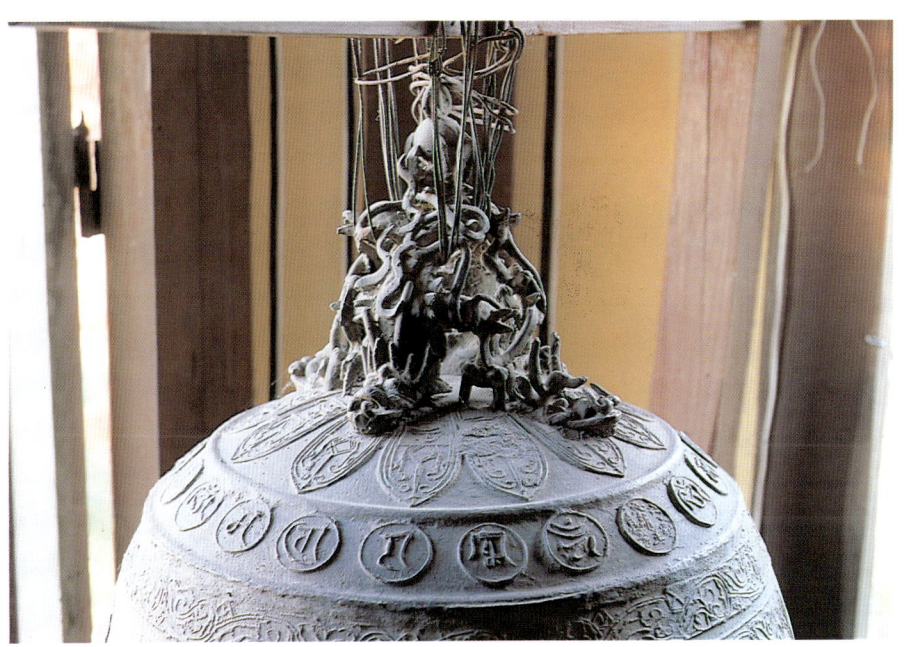

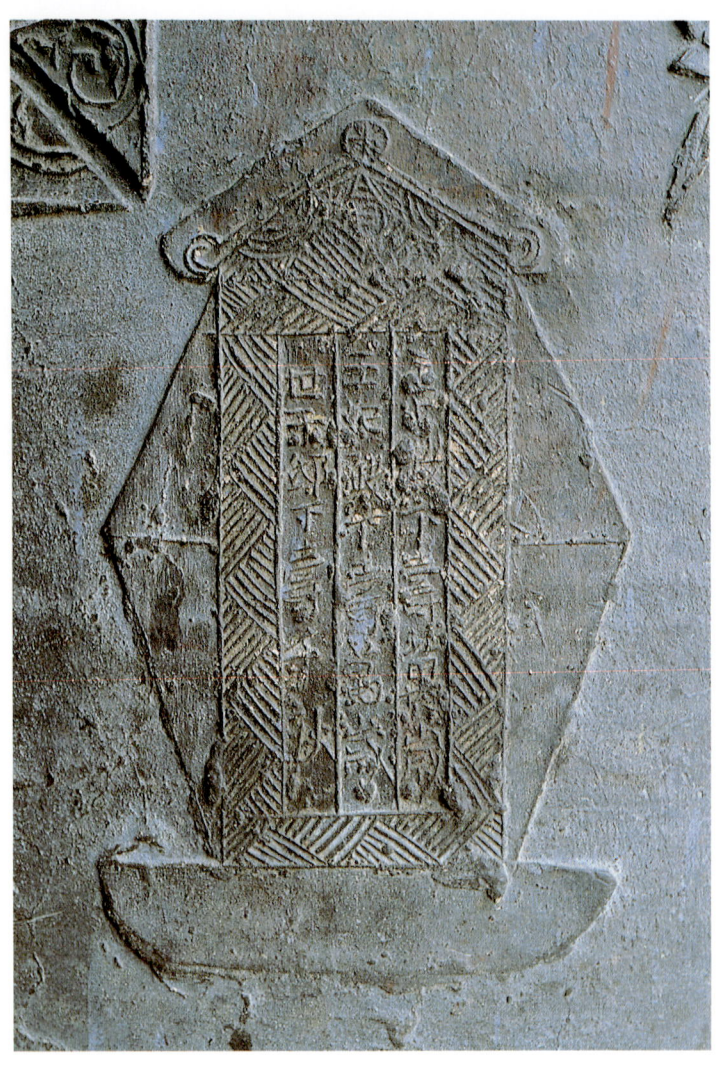

위패형 용흥사 순치 원년명 범종의 종신에 새겨진 위패 안에는 발원이 적혀 있다. 이 위패형은 하대 위에 네 군데 자리잡혀 있다.

명문 용흥사 순치 원년명 범종의 명문대이다. 유곽과 유곽 사이에 보살상이 있고 그 아래에 양각으로 된 명문이 새겨 있으며 이 명문에는 주종 시기와 시주자들의 이름이 열기되어 있다.

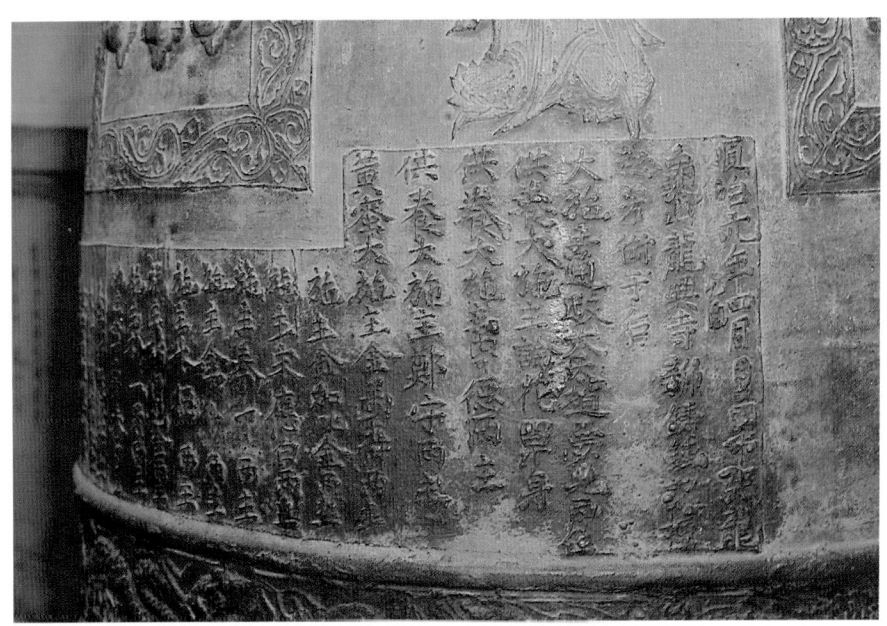

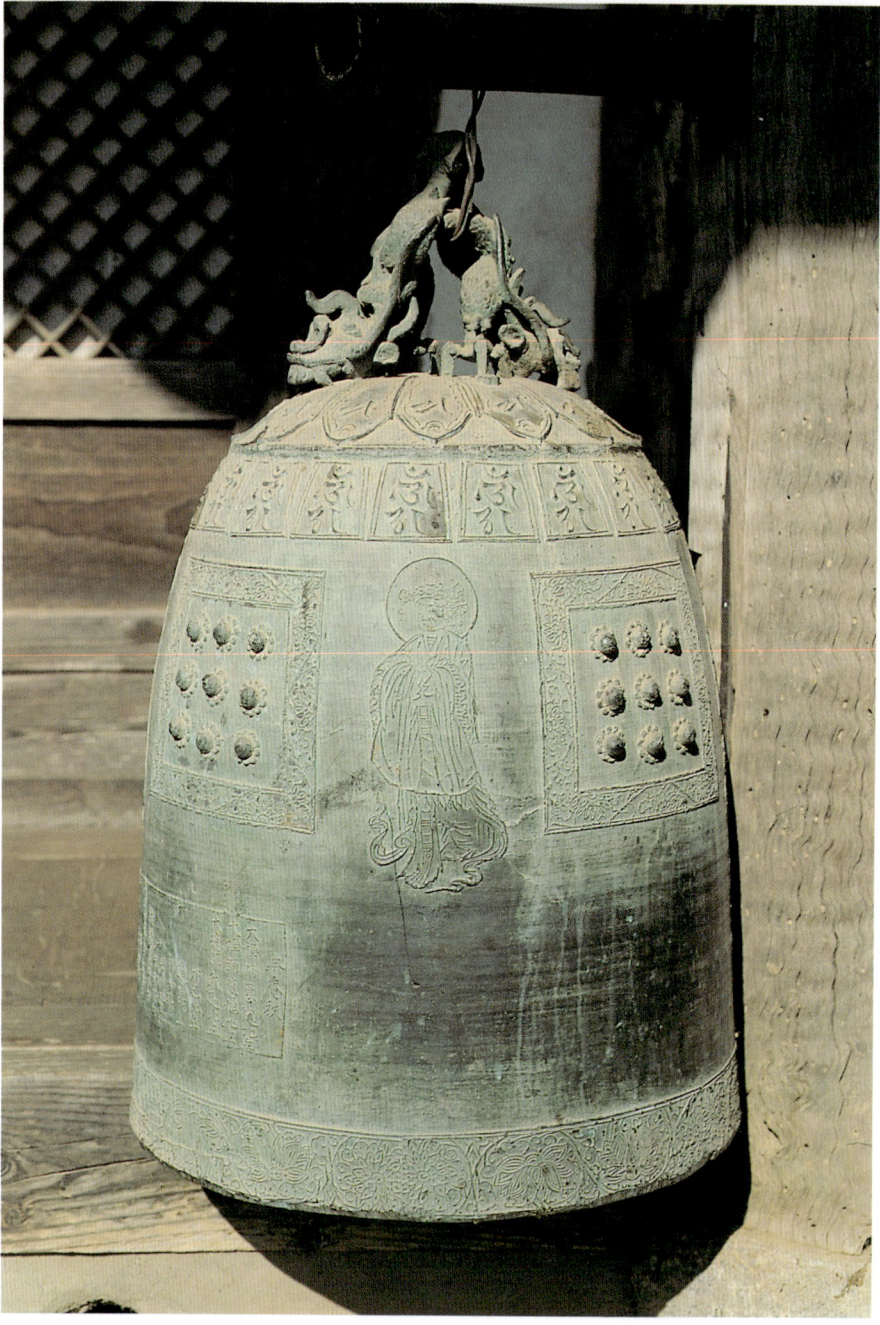

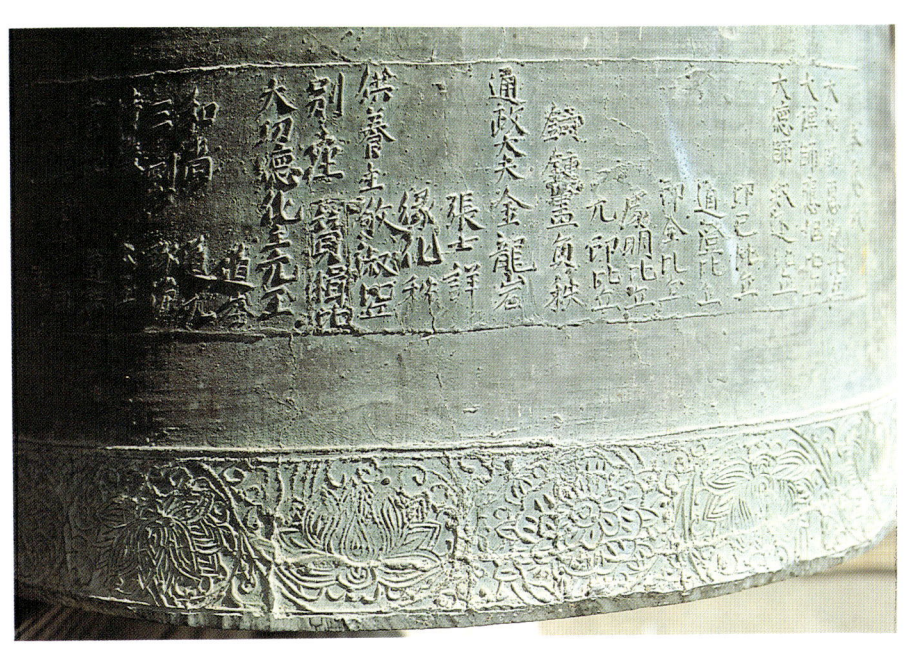

선암사 대각암 순치 14년명 범종 음통이 없이 쌍룡의 용뉴를 이룬 조선시대 범종의
특징을 보인다. 종정에는 연화문이 조식되었고 상대에는 사다리꼴의 구획 안에 범자
를 새겨 장식하였으며, 유곽과 유곽 사이에 보살상을 배치하였다.(왼쪽)
하대 시주자의 이름이 열기된 명문이 있고 꽃무늬가 도식적으로 장식된 하대를 돌리
고 있다. 새겨진 명문을 통해 1657년에 제작된 것임을 알 수 있다.(오른쪽)

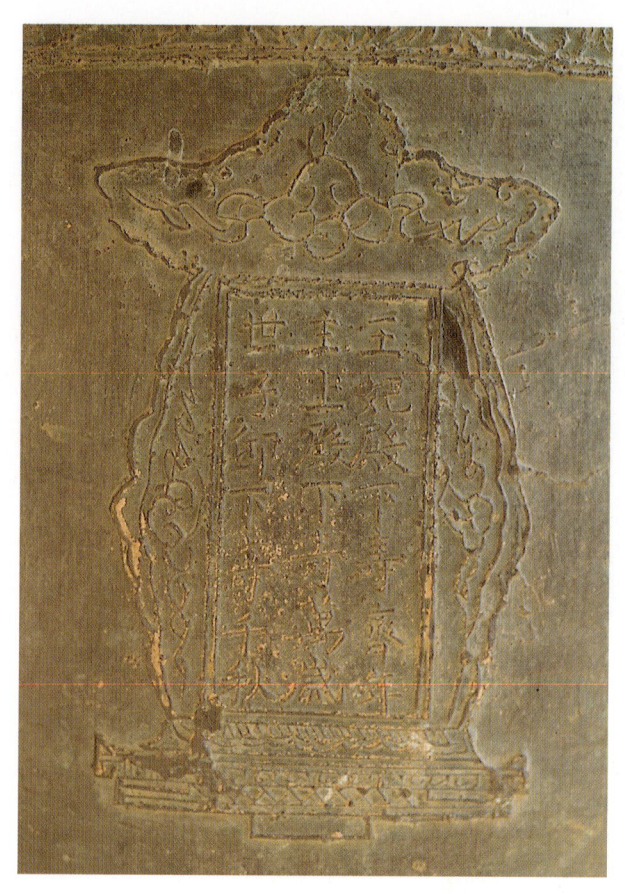

위패형 선암사 대각암 순치 14년명 범종의 몸체에 배치된 위패형으로 조선시대 유행
하였던 위패의 형태를 갖추고 있다.(왼쪽)
보살상 유곽과 유곽 사이에 화려한 보관과 두광을 갖추고 합장한 보살상을 배치하고
있다. 선암사 대각암 순치 14년명 범종의 부분이다.(오른쪽)

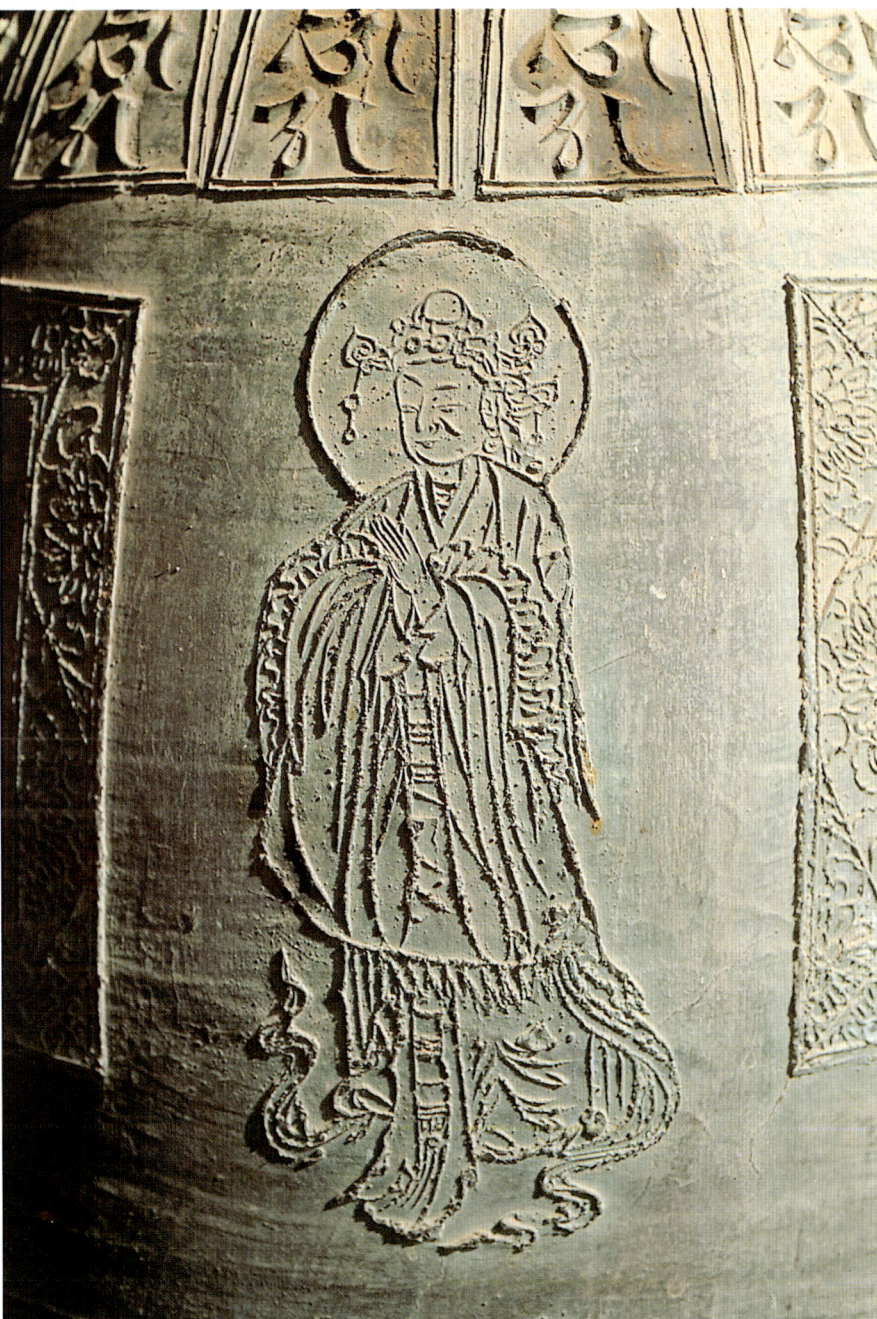

범종

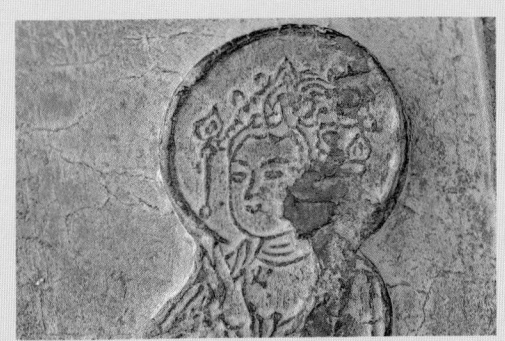

머리말

삼국 정립 전후부터 통일신라를 거쳐 고려와 조선왕조에 이르기까지 한국의 미술품이 다양하고 우수한 점은 이미 널리 알려져 있다.

그 중 고분 등에서 출토되는 금속 제품이나 옥 제품, 철기 제품 등을 비롯하여 불교가 전래된 이후에 나타난 불교 조각의 우수성은 이미 널리 알려진 사실이다. 특히 금동 불상이나 석조 불상 그리고 불교와 인연이 깊은 석조물인 석탑, 석등, 부도, 당간지주, 석조(石槽) 등의 자연적인 선과 형태는 한국 미술품의 우수성을 나타내고도 남음이 있다.

한국 미술품의 아름다움은 '선'과 '형'에 있다고 하는 이도 있고, 한국 미술의 가장 뚜렷한 특색은 '형'과 '균형'에 대한 위대한 감각이라고 일컫는 이도 있다. 또 '자연의 미' '자연의 예술'이라고 평하는 이도 있는데 어느 것 하나 빼놓을 수 없는 한국 미술의 예찬인 동시에 올바르게 직시한 관점이라 할 것이다.

이상과 같이 가장 한국적인 자연의 미를 바탕으로 하여 나타난 여러 가지 한국 미술품들이 유존하여 내려오고 있다. 특히 금속 공예품으로서 찬란하고 독특한 기법과 형태를 지닌 불구류 중 청동제 범종은 다시 한번 주목하고 넘어가야 할 것 중의 하나라 하겠다.

중국 범종이나 일본 범종과는 달리 독특한 범종의 형태와 양식을 가지고 음색까지도 한국 특유의 성질을 나타내는 한국 범종은 신라시대를 시발점으로 하여 조선왕조까지 각 시대별 특징과 양식 그리고 사상성을 가지고 제작, 전래되어 왔다.

또한 한국의 범종은 용뉴에서부터 종신의 각 부분에 이르기까지 금속 공예가 총집합된 결정체라 할 수 있다. 문양의 다양성과 비천상, 보살상, 여래상의 율동성 있는 질감과 다양함 그리고 당좌 등에서 볼 수 있는 조각의 화려함과 위치의 선정, 또 범종의 주조 기술과 합금 기술 등은 시대에 따라 변천해 왔다. 그러면서도 각 시대의 특성과 시대상을 멋있게 표현하면서 범종이라는 단위 면적 속에 무리 없이 배치하여 표현하였다. 이는 한국 범종이 갖는 우수성과 특징이며, 또한 한국 고대 미술의 '미'와 '선' 그리고 '형'의 결정체라 하겠다.

이와 같은 특성을 갖는 범종 중에서도 한국 범종의 기본 형식과 양식의 대표가 되는 것은 역시 신라시대의 것인 상원사 범종이다. 다시 말해 이 종이 한국 범종 양식의 규범이 되는 셈이다.

그러면 범종이란 무슨 뜻인가?

불교에서 종교적 분위기를 높이기 위해 소리 내는 일체의 용구를 범음구(梵音具)라 하고 그 중 종은 당외(堂外)의 종루에 걸어 놓고 두드려서 소리를 내는 타악기의 일종이다. 일반적으로는 청정한 불사(佛寺)나 범찰(梵刹)에서 사용하는 종을 범종이라고 한다.

범종은 홍종(洪鐘), 포뢰(浦牢), 경종(鯨鐘), 화경(華鯨), 거경(巨鯨), 조종(釣鐘), 당종(撞鐘) 등 여러 가지 다른 명칭으로 불리기도 한다. 또 크기에 따라서 반종(半鐘), 만종(晚鐘) 등으로 구분하기도 하나 대부분 통틀어 범종이라고 부르며 특별히 유형별로 구분하지는 않는다.

한국 범종의 기원

　범종의 기원에 관한 일반적인 견해는 크게 두 가지로 나뉜다. 하나는 중국 은대 이후의 고동기(古銅器) 중 예기(禮器)에 속하는 악기의 일종인 박(鎛), 정(鉦), 종(鐘) 중에서 종을 모방하여 조형 (祖型)이 비롯되었다고 하는 설이다.

　또 다른 주장은 고대 중국의 종이나 탁(鐸)을 혼합한 형태가 발전하여 극동의 불교 사원에 있는 범종의 조형이 되었다고 하는 것이다.

　그러나 근자에 이르러서는 불교와 더불어 인도에서 '건추(健椎 : 鐘의 梵語)'가 들어와 이것에서 비롯되었다는 설과 자체에서 발생 발전하였다는 설 등이 있으나 신빙성이 희박하여 크게 중요시하지 않고 있다.

　따라서 앞서 말한 두 가지 설이 가장 유력한 학설이다. 이 두 가지 학설 중 공통되는 것은 모두가 은, 주대의 예기에 속하는 악기에서 발전하였다는 점이다. 또한 여기서 지적한 악기 종류의 '종'이란 용종(甬鐘)을 의미하는데 이 용종은 주시대에 제작되어 성행하다가 주대 말기 전국시대 이후부터 다른 예기와 더불어 자취를 감춘 악기

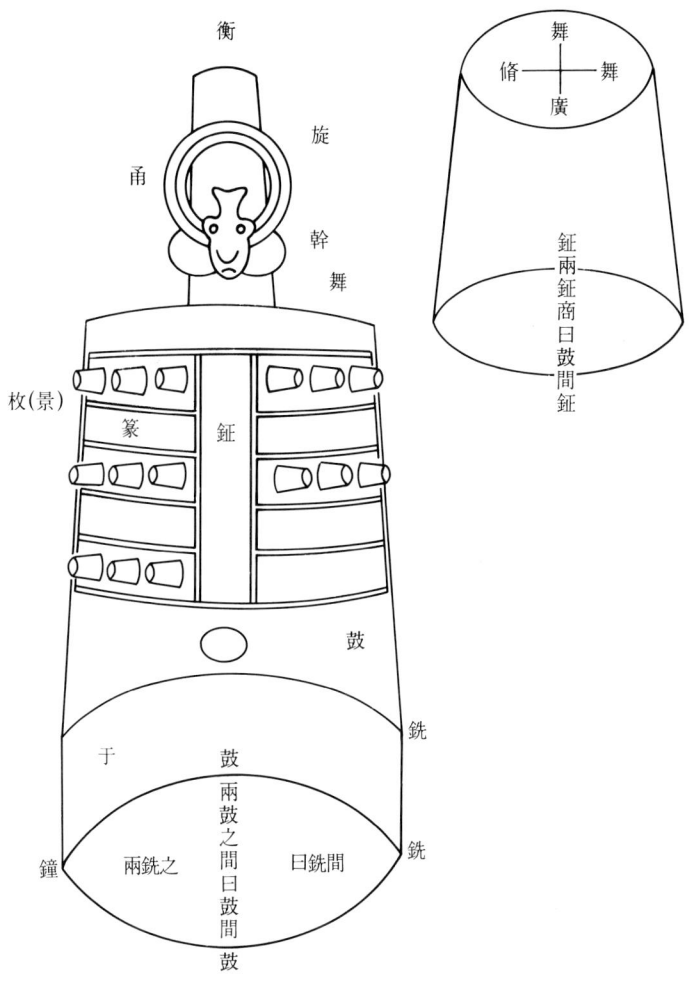

용종(甬鐘)의 각부 명칭

중 하나이다. 이와 같은 용종을 모방하여 현재 한국 범종의 형태가 이루어졌다고 보는 것이다.

이런 용종의 특색과 양식을 가장 충실하게 구비한 한국의 범종이 8세기에 처음으로 나타나기 시작한다. 그 세부 내용을 보면 용종의 '용(甬)' 부분이 한국 범종의 용뉴 부분에 해당되며, 용종의 '간(幹)' 부분인 수두문(獸頭文)이 발달하여 용두(龍頭)로 변화하였다. 그리고 종신에 해당되는 '뉴(鈕)' 부분에 36개의 돌기를 나타낸 '매(枚)'가 범종의 36개 유두(乳頭)로 표현되었고, 용종의 '수(隧)'에 해당하는 곳이 당좌(撞座)로 나타났다고 보는 것이 첫째 주장의 대략이다.

용종 각 부분의 내용을 보면 손잡이 부분에 '용'이 있는데 이 용은 '형(形)' '선(旋)' '간(幹)'이라는 세 부분으로 되어 있다. 용의 밑에는 '무(舞)'라고 칭하는 곳이 있으며 종신에 해당되는 양면에는 '전(篆)'이라는 구획이 있고 '枚(매)'라는 돌기물이 일면에 18개, 양면 합하여 36개가 있다. 이 부분을 '뉴(鈕)'라고 한다. 용종신의 몸체 양끝의 뾰족한 부분을 '선(銑)'이라고 하며, 선과 선 사이의 만곡된 부분의 선을 '우(于)'라고 한다. 이 우의 중앙 상단 윗부분에 '수(隧)'라고 하는 당좌(撞座)와 유사한 것이 있다.

이와 같은 용종의 여러 가지 특징을 갖추고 있는 것이 한국 범종의 특색이라 하겠다. 또한 중국 범종이나 일본의 화종에 비하여 가장 고식(古式)의 양식을 지니고 있으며 특수한 양식과 구조와 음색을 구비한 것이 한국 범종 본연의 형태라 할 수 있다.

한국 범종의 형태와 각부 명칭

한국의 범종 중에서 가장 대표적이며 기본적인 형태를 완벽하게 갖추고 있는 것은 개원 13년(725, 신라 성덕왕 24년)명의 강원도 오대산 상원사 범종을 비롯하여, 대력 6년(771, 신라 혜공왕 7년)명의 국립경주박물관 소장 성덕대왕 신종인 봉덕사 종을 들 수 있다.

우선 한국 범종의 기본 형태와 조형으로 삼고 있는 상원사 범종의 각 부분을 살펴보자.

전체 형태는 포환의 뾰족한 머리 부분을 잘라 버린 것과 같이 전체적으로 위로 좁아지는 원추형이다. 또 한편으로는 한국의 가정에서 일반적으로 사용하는 김치독을 엎어 놓은 것 같은 형태를 하고 있다. 종 몸체 하부 약 3분의 2쯤 되는 곳이 가장 넓고, 그 밑은 약간 오므라들어 매우 안정감을 주는 외형이다.

범종의 몸체 상단에는 상대(上帶), 견대(肩帶)가 있고 범종의 하단인 종구 쪽에는 하대(下帶) 또는 구연대(口緣帶)라는 문양대가 둘러져 있다. 상대에 붙어서 밑으로 방형의 문양대인 유곽 4개가 똑같은 간격으로 배치되고, 그 속에 9개의 유(乳;일명 乳頭)가

종횡으로 3개씩 3열로 정연하게 배치되어 있다. 그리고 범종의 배 부분인 종복(鐘腹)에는 2개의 당좌와 2군(群)의 비천상을 교대로 대좌시켜 배치하고 있다.

또한 범종 몸체의 상부 곧 용종의 '무'에 해당되는 곳을 천판(天板 ; 일명 笠形)이라고 한다. 이 종정(鐘頂)에 네 발(四肢)로 천판을 딛고 머리(龍頭)를 숙여 범종 전체를 물어서 들어 올리는 듯한 용형 뉴(龍形鈕)를 만들고, 용틀임하듯 구부러진 용 몸체에 철색(鐵索) 을 끼워 종루에 매어 달도록 하였다.

그리고 용뉴 옆에는 용종에서 보이는 용이라는 부분에 용통(甬 筒) 또는 음관(音管)이라는 것을 배치하고 있다. 한국 범종에서 가장 두드러진 특색이 바로 이 용통이다. 용종에서는 용의 내부가 뚫리지 않은 단순한 손잡이지만 신라의 범종은 용통의 내부를 파이 프처럼 관통하여 종신의 내부와 천판을 서로 맞뚫었는데 바로 이 점이 가장 중요한 점이다.

중국 종이나 일본의 화종(和鐘)에는 용통이 없으며 용뉴도 한 마리 용(一龍)이 아니라 일체 쌍두룡(一體雙頭龍)을 배치하였다. 종신에는 비천상이나 보살상을 배치하지 않고, 몸체 전체를 위아래 로 여러 개의 동아줄로 결박한 듯이 종횡선대로 구획하여 문양대로 삼고 있다. 그렇지 않으면 구획대 내부 또는 다른 여백 부분에 돌기 된 수많은 유두를 가득히 장식하고 있다.

몸체의 형태도 중국 범종은 천판을 반구형으로 처리하고 종구 쪽은 나팔형으로 벌려 구연대(口緣帶) 부분을 6릉(六稜), 8릉(八稜) 으로 처리하고 있는 것이 특징이다.

일본의 화종은 천판 역시 얕은 반구형에 몸체는 상하가 거의 평행 을 이루듯 통형에 가까운 형태로 되어 있는 것이 특징이다. 또한 범종의 몸체 벽도 거의 상하가 같은 두께이나 한국의 범종은 상하와 종복 부분의 두께가 각기 다르게 처리되어 있는 것이 또 하나의 특징이다.

이제 한국 범종의 각부 명칭을 종합 정리하면, 범종의 정상부에 용통 또는 음관, 용두, 천판(입형)이 있고 그 아래로 상대(견대), 유곽, 유두(유), 비천, 당좌, 종복, 하대, 구연대가 있다. 또 몸체 전체는 크게 용뉴, 종신, 종구 등의 세 부분으로 구분된다.

이와 같은 명칭 구분은 현존하는 신라 범종의 예를 들어 설명한 것이지만, 불교를 처음 유입한 고구려나 고도의 불교 문화를 꽃피웠던 백제 때의 범종이 어떠한 형태로 각기 특색 있게 발전하였는지는 전해 오는 유물의 자료가 전무하여 파악할 수 없는 실정이다.

그러나 1974년 5월 8일 전북 익산 미륵사지 동탑지 발굴시에 출토된 백제시대의 금동제 풍탁(風鐸)은 우리에게 귀중한 자료를 제공하고 있다. 이 풍탁은 신라 범종과 같이 몸체가 원통형으로 된 것이 있으며 상대와 하대 그리고 유곽 부분은 소문대(素文帶)로 처리하고 유곽내는 돌기된 소문의 5유두를 배치하고 있는 것이 특색이다.

당좌는 백제의 전형적인 8판(八瓣)의 연판좌로 처리한 것이 주목된다. 이렇게 볼 때 백제시대의 범종 역시 신라 범종과 거의 유사한 형태였을 것으로 추측되며, 역시 한국 범종에 관한 고찰은 현존하는 신라 범종의 전형적인 양식과 형태를 조형으로 삼아 논하는 것이 가장 무난할 것이라 본다.

신라 범종

신라 범종은 현재까지 전해져 오는 것이 국내외를 막론하고 모두 11구에 불과하여 애석하기 짝이 없다. 이 11구 중 명이 있어서(有記銘) 연대와 소장 사찰이 확실한 것이 6구이고, 무기명으로 된 것이 5구이다. 이들을 살펴보면 다음과 같다.

유기명(有記銘) 범종
- 725년의 상원사 범종
- 745년의 일본 국부팔번궁사(國府八幡宮社) 소장 범종(명치유신 당시 神佛 분리 소동 때 없어짐)
- 771년의 봉덕사 성덕대왕 신종
- 804년의 선림원 범종(일명 월정사 범종이라고도 하나 6·25 동란 때 소실되어 현재 파편 일부가 국립중앙박물관에 보관되어 있음)
- 833년의 상궁신사(常宮神社) 범종(재일본)
- 904년의 우좌팔번궁(宇佐八幡宮) 범종(재일본)

무기명(無記銘) 범종

- 청주박물관 소장 신라 범종(청주 출토)
- 동국대학교 박물관 소장 실상사 파종
- 일본 광명사(光明寺) 소장 신라 범종
- 일본 주길신사(住吉神社) 소장 신라 범종
- 일본 운수사(雲樹寺) 소장 신라 범종

이 11구의 범종에서 볼 수 있는 여러 가지 특징과 공통점을 대관하여 보면 종신의 상단에는 상대 곧 견대와 4개소의 방형 유곽 안에 돌기된 9유를 갖추고 있고 하단에는 하대 곧 구연대를 갖추고 있으며 상하대의 주된 문양은 반원권(半圓圈) 문양이다.

종복에는 천의를 날리며 주악(奏樂)하고 승천하는 비천상을 대좌시켜 대칭으로 배치하고 있다. 또 비천상과 엇바꾸어 연화문과 당초문 및 보상화문 등을 양각한 원형 당좌 2좌를 역시 대칭으로 배치하고 있는 것이 하나의 특색이다. 여기에 나타나는 당초문양은 7세기 때 당나라에서 나타나는 것으로 신라는 통일시대에 이르러 나타난다고 보는 견해도 있다.

천판은 신라시대에 성행하였던 전형적인 연판(蓮瓣)이며, 어깨띠와 접하는 경계상에 원형으로 둘러 장식하고 있다. 또한 천판 중앙에는 두 다리로 땅을 딛고 머리를 숙여 범종을 한입에 물고 들어 올리는 듯한 박진감 넘치는 용뉴를 만들었고 구부러진 용의 몸체로 범종을 매어 달도록 고리를 삼았다.

그리고 이 용뉴체에 잇대어 바깥 부분을 몇 개의 단으로 구분하고 화려한 당초문과 보상화문 또는 연판을 양각 장식한 용통(음관)이 있다. 이것은 앞에서도 언급한 바와 같이 중국의 범종이나 일본의 화종에서는 볼 수 없는 독특한 수법으로 독창적 형식을 하고 있다.

이렇게 용통이 종신과 맞뚫리게 한 것은 타종 때의 음과는 아무

관계도 없다고 주장하는 이도 있으나 이는 정확한 규명이 아니다. 즉 신라의 장인들이 무의미하게 행한 장식이 아니라 범종의 소리에 관계되는 중요한 구실을 하는 것으로 근자에 이공학적으로 진동수를 실험한 결과 종의 소리와 매우 중요한 관계가 있다는 증거를 밝힌 일도 있다.

또한 근대에 와서는 문무대왕 때의 만파식적과도 관계가 있어 신라인들이 만파식적을 범종의 천판에 장식한 것이 용통을 구비하게 된 이유일 것이라고 보는 설도 나오고 있다. 이러한 점으로 미루어볼 때 타종시의 소리와 깊은 관계가 있는 것이 사실인데, 다만 후대의 사람들이 이것을 정확히 규명하지 못하는 데서 오는 여러 가지 견해라고 볼 수 있겠다.

결국 신라의 범종은 크게 두 종류로 구분할 수 있다. 그 하나는 전통적인 조형에 전형 양식을 갖춘 상원사 범종이고, 다른 하나는 부분적으로 약간의 차이를 보이는 특수 양식의 성덕대왕 신종을 들 수 있는데, 역시 주종을 이루는 양식에서 상원사 범종이 한국 범종의 규범이 되었다고 본다.

유기명 범종

여기에서는 몇 점 안 되는 신라의 유기명 범종에 관하여 설명하면서 전형적인 상원사 범종과 특수 양식을 갖춘 봉덕사 성덕대왕 신종에 관하여 좀더 자세히 살펴보기로 한다.

상원사 범종
강원도 평창군 진부면 동산리 오대산 상원사
높이 167센티미터, 구경 91센티미터

국내에 현존하는 신라시대 최고(最古), 최미(最美)의 범종으로 한국 범종의 조형인 동시에 규범이 되는 종이다.

종정에는 용뉴를 구비하고 종신에는 견대와 하대, 유곽, 유두, 당좌, 비천 등을 갖춘 한국 범종의 가장 뚜렷한 특징을 완벽하게 구비하고 있다. 또 상하대의 문양대가 짜임새 있고 아름답게 장식된 가운데 상하 모두를 연속적인 주문대(珠文帶)로 두른 다음 유려한 당초문으로 채우고 있다. 그 다음은 양각한 반원권 문양 속에 2인 내지 4인의 주악상을 나타내고 견대(상대)에 붙여서 당초문으로 양각 장식한 유곽 4개를 배치하고 그 속에 연꽃 화좌(花座)의 유두 9개를 돌출시켜 배치하였다.

이 9개의 유두에는 화려한 화형문(花形文)을 장식하여 돋보이게 하였고 종신 공간에는 대칭되는 두 곳에, 구름 위에 무릎을 세우고 앉아 천의를 날리며 하늘을 나는 공후(箜篌)와 우(竽;笙으로 추정)를 주악하는 비천상이 양각 장식되어 있다.

비천 사이에는 역시 상대하여 원형의 당좌가 있는데 이 당좌(座)의 중앙 자방을 중심으로 여덟 잎의 연꽃을 두르고 외원(外圓) 안팎에 섬세한 연주문을 두른 다음 그 속에 당초문을 장식하였다. 또한 범종의 정상에는 용뉴와 용통 곧 음관이 있는데 그 제작 수법이나 양식이 봉덕사 성덕대왕 신종과 더불어 가장 대표적인 것이다.

특히 용뉴를 중심하여 좌우에 글씨가 음각되어 있어 제작 연대를 명확히 알 수 있을 뿐만 아니라 종성기지(鐘成記之)의 '지' 도합유(都合鍮)의 '도합' 등 이두문과 보중직세(普衆直歲), 중승(衆僧) 등의 승려 이름과 도유내(都唯乃), 유휴(有休) 등의 관직명이 있어 당시의 이두문 사용과 종을 제작하는 데 참가하였던 승려와 감독자 그리고 관직 등을 알 수 있는 귀중한 학문적 자료를 제공하여 주고 있다. 또한 이 명문 중의 '개원(開元) 13년'은 당나라 연호이며 신라 성덕왕 24년, 서기 725년에 해당되는 해 3월 8일에 만들었음을 알 수 있다.

봉덕사 성덕대왕 신종
국립경주박물관
높이 333센티미터, 구경 227센티미터

현재 국내에 있는 종 중 최대의 신라 거종으로서 제작 연대, 주종 의도 그리고 불법을 포교하게 된 내용 등을 명기하고 있다. 또한 각부 양식이 풍부하고 화려하게 장식된 범종의 하나이며 상원사 범종과는 다른 특징이 있는 특수 양식의 범종이다.

종신 상하에는 견대와 하대를 둘렀고 그 속의 주된 문양은 주악상 과 반원권 문양대가 아닌 보상 당초문으로 장식한 것이 주목된다. 특히 하대에 속하는 구연대는 종구가 8릉형을 이룬 특수한 형태로 일반적인 신라 범종과는 다른 유일한 예라 하겠다.

또한 이 8릉형의 능마다 당좌와 유사한 연화를 배치하고 있는 것도 특징 중의 하나이다.

견대 밑에는 연주문 속에 견대에서와 같이 보상 당초문양으로 장식한 유곽 4개가 있고, 그 내부에 양각으로 된 연꽃형의 화좌로 장식된 9유가 들어 있다.

종신의 유곽 밑으로 비천상 2구를 대칭되는 위치에 배치하고 그 사이에 교대로 8잎의 연화 당좌 2개를 배치하고 있다. 특히 상원 사 범종의 경우 명문이 범종 정상부에 새겨 있는 것과는 달리 긴 내용의 명문이 종신에 양각되어 있는 것도 특징이라 할 수 있다. 전체적인 종의 조각 수법이 동양 어느 국가에서도 그 유례를 찾아보 기 힘든 거종인 동시에 상원사 범종과 더불어 최대 최고의 조각 양식을 구비한 종이다.

　종신에 2구씩 상대하여 배치한 비천상은 연화좌 위에 무릎을 세우고 공양하는 공양상이며 비천 주위에는 보상화를 구름같이 피어 오르게 하였다. 천상으로 천의, 영락(瓔珞) 등이 휘날리고 있어 다른 신라 범종에서는 볼 수 없는 화려하고 우수한 걸작으로서 한국 비천상 중에서 대표적인 조각 수법이다.

　종신에 명기된 장문의 양각 명문에 의하면 경덕왕이 부왕인 성덕왕을 위하여 동 12만 근을 들여 대종을 주성하려 하였으나 완성을

봉덕사 성덕대왕 신종 실측도

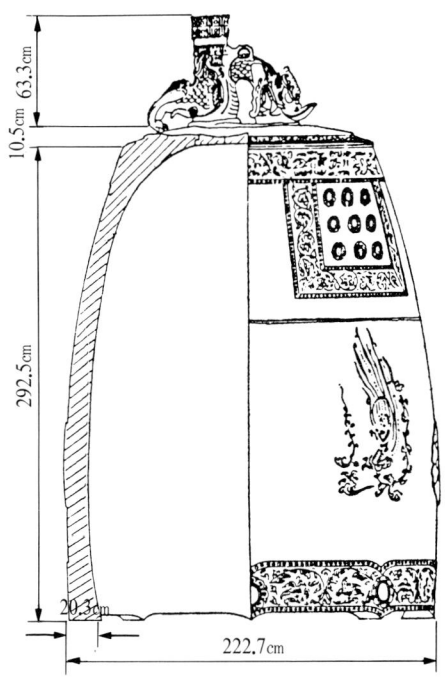

보지 못하고 사망한 다음 혜공왕이 부왕의 뜻을 이어받아 재위 7년(771, 대력 6년)에 완성을 본 것이다.

그 당시는 신라의 불교가 융성하던 때이고 신라 예술의 전성기여서 이와 같은 우수한 걸작을 국가적 불사로 제작할 만한 시대적 배경을 갖고 있었던 때였다. 특히 명문 내용 중에는 석가의 설법이 종소리로 번져 지옥 중생을 제도하여 화엄의 이상향인 극락세계로 인도한다는 뜻이 명기되어 있다.

종의 양식에 대하여 고유섭 씨는 36개의 유두는 불교 경전에 비치는 36선신(善神)을 의미하고 8릉으로 처리한 종구는 불가(佛家)의 8화(八花)와 8음(八音)으로 해석하기도 했다.

일본 국부팔번사(國府八幡社) 소장 범종
일본 동경박물관
높이 72.7센티미터, 구경 56.3센티미터

이 신라 범종이 어떠한 내력과 경로를 거쳐 일본으로 건너가게 되었는지 분명하지 않다. 현존하지 않고 동경 상야공원내의 동경국립박물관에 탁본으로만 전하여 오는 것이기 때문에 더욱 그렇다. 전해지는 이야기로는 명치유신 당시 신불(神佛) 분리 소동 때 없어졌다고 한다.

탁본에 의해 밝혀진 바로는 건대와 하대, 유곽의 문양 등은 상원사 종과 같은 반원권 문양을 갖추고 있으나 문양의 내외가 당초문으로 장식된 것이 주악 천인상으로 장식된 상원사의 것과는 다른 점이라 할 수 있겠다. 여러 가지 특징은 거의 상원사 범종과 흡사하게 화려하고 우아하다. 그리고 종복에 양각으로 나타난 비천상도 자연스럽고 우아하게 처리한 것을 알 수 있다.

특히 명문은 유곽과 유곽 사이 건대 바로 밑에 새겨져 있는 것이 상원사 범종이나 성덕대왕 신종과 다른 점이다. 명문에 '천보 사재

을유(天寶 四載 乙酉)'라고 있는데 천보는 당나라 현종의 연호이며 4년 을유는 신라 경덕왕 4년(745)에 해당된다. 따라서 상원사 범종(725년)보다 20년 뒤에 제작된 것임을 알 수 있다. 이 때는 역시 신라 불교의 최성기라 이와 같은 우아한 범종이 제작되었을 것으로 본다. 명문 중에 당시의 관직, 이두, 지명, 사람 이름 등을 판독할 수 있는 귀중한 자료를 간직한 범종이다.

선림원 범종
국립중앙박물관
높이 122센티미터, 구경 68센티미터

이 범종은 1948년 강원도 명주군 신서면 미천리의 선림원 사지에서 출토되어 1949년 11월 월정사로 이전 보존되어 오다가 1950년의 전란 때 파손되어 일부 잔편(殘片)이 수습되어 현재 국립중앙박물관에 보관되어 있는 비운의 신라 범종이다.

이 범종에 대하여 고(故) 이홍식 선생의 보고서 내용과 필자가 조사한 탁본 그리고 한국정신문화연구원의 연구 논총 「한국 종 연구」에 의한 복원도에 따라 살펴보자.

전체적으로 상원사 범종이나 성덕대왕 신종과 유사한 양식과 수법을 갖추고는 있으나 웅건하고 단아한 맛은 없다. 또한 각부의 양식도 신라 종 특유의 양식을 갖추고 있으면서도 그 형태나 장식 수법 등이 뚜렷하게 세련되지 못하고 우수하지도 않으나 나름대로 신라 범종의 제반 특징을 갖추고 있다.

견대에는 역시 상원사 범종과 같이 반원권 문양 12개를 연속적으로 배치하고 있고 그 원권 중앙에 연화문을 장식하였으며 또 외부에는 보상 당초문으로 장식하였다.

구연대인 하대 속에는 연화좌 위에 두광과 신광을 갖추고 있으며 결가부좌한 여래상 19체를 주된 문양대로 하여서 견대와는 상이한 문양으로 처리한 것이 특색이다.

유곽대의 문양도 견대의 문양과 동일하게 처리하고 있고 8엽(八葉)의 연화문 당좌를 배치하고 있다. 이 당좌는 일반형 신라 범종의 원권으로 된 당좌와는 달리 외곽의 원권 안에는 보상화문을 배치하고 자방과 내측 원권문과의 사이에 보주형 화판을 배치하여 장식하고 있는 것도 특이하여 주목되는 점이다.

비천상은 당좌와 교대로 종신에 나타나 있으며 비천의 형태도 비운(飛雲) 위의 복련좌(伏蓮座)에 결가부좌하여 횡적(橫笛)과 요고(腰鼓)를 주악하고 있고 천의는 위쪽으로 휘날리는 형식으로 장식되어 있다.

그러나 견대와 유곽, 하대, 당좌, 비천 등이 상원사 범종에 장식된 수법보다는 퇴화된 감을 나타내고 있다. 시대 역시 명문에서 보듯 79년이나 뒤떨어지는 작품으로 신라말에 이를수록 범종의 주조법과 장식법이 상당한 차이를 보이고 있음을 알 수 있다.

이 범종의 명문인 '정원 20년 갑신 3월 23일'의 정원(貞元)은 당나라 덕종의 연호이며, 20년 갑신은 804년인 신라 애장왕 5년에 해당된다. 이 종 또한 명문 내용에 이두, 인명, 관직, 지명 등의 기록이 있어 신라 말기의 귀중한 자료가 되고 있다.

상궁신사(常宮神社) 소장 범종
일본 복정현(福井縣) 상궁신사
높이 111센티미터, 구경 66센티미터

이 범종은 임진왜란 이전에 왜구들이 약탈해 갔던 범종으로 추정되는데 일본 국내에서는 국보로 지정된 유일한 한국 범종이다.

이것은 상원사 범종, 성덕대왕 신종, 그리고 선림원 범종 다음으로 큰 종이지만 각부 양식과 수법, 형태 등에서는 약간 빈약한 감을 주고 있다.

특히 이 범종에서 주목하여야 될 것은 용뉴 부분이 신라 범종 특유의 용뉴와는 달리 조잡하다는 점이다. 또한 견대와 하대에서 주종을 이루는 문양대가 보상 당초문양대가 아니고 산수문경(山水文景)과 조선조 범종에서 보이는 파상문과 동일한 문양으로 장식되어 있는 점이다. 이 파상문은 방형에 가까운 구간을 설정하고 그 속에 장식하였으며, 또한 파상문 사이에는 암초와 같은 해암을 나타내었다.

유곽의 주문양대도 파상문대의 상대나 하대와 같이 연속 방형문으로 장식하고 그 방형의 곽내에 점선과 유사한 형태로 대각의 선을 배치하고 그 사이를 섬세한 보상문으로 조식하였다. 종신에는 8판 중엽(八瓣重葉)의 연화문 당좌를 배치하였으며 당좌 사이에는 각 1구의 비천상을 조식하고 있는데 양손으로 장고를 두드리는 자세이다. 비천 역시 상원사 범종의 비찬이나 성덕대왕 신종의 비천상에는 미치지 못하지만 신라 범종들에서 보이는 비천상 연구에는 좋은 자료가 된다.

명문은 특이하게도 유곽 사이에 명기되어 있다. 명문에 있는 태화(太和)는 당나라 문종의 연호이며 그 7년은 신라 흥덕왕 8년이므로 서기 833년에 해당된다. 상원사 범종은 725년에 만들어진 것인데 이 종과는 108년간의 연대 차이가 벌어지는 것으로 역시 후대에 올수록 그 솜씨가 떨어짐을 알 수 있다. 명문 중의 청주(淸州)라는 지명은 현재의 진주이고 연지사(蓮池寺)는 진주에 있었던 사찰로 여겨진다. 역시 지명과 이두, 승려명, 관직명, 무관직 등이 보여 당시의 직제와 군관직 등을 연구하는 데 귀중한 자료가 되며 종을 만들 때 어떤 사람이 참여하였는지도 알 수 있다.

우좌팔번궁(宇佐八幡宮) 소장 범종
일본 대분현(大分縣) 우좌팔번궁
높이 86센티미터, 구경 47센티미터

이 범종 역시 어떠한 경로로 일본에 건너간 것인지 알 수 없다. 다만 제작 수법이나 장식 문양 등이 신라 범종 중에서는 상당히 수준이 뒤떨어지는 범종으로 상원사 범종이나 성덕대왕 신종과는 비교도 되지 않는다.

특히 종신에 기록된 명문 내용에서 신라말에 제작되었음을 알 수 있고 청주에서 출토되어 현재 청주박물관에 보관되어 있는 무명의 신라 범종과 공통되는 점이 여러 가지 있다.

범종의 견대와 하대 그리고 유곽에는 동일하게 반원권 문양을 둘렀고 원권내의 중앙에는 심엽형(心葉形) 여의두문을 조식하고 반원권 문양대 사이는 당초문과 연주문대를 둘렀다. 이러한 문양대의 중간 구획내에도 당초문과 동일한 문양으로 사이사이를 장식하였다.

종복에는 연주문대를 갖춘 7판복엽(七瓣復葉)의 연화문 당좌 2개를 배치하였고, 두 당좌 사이에 양손을 들고 장고를 치면서 구름 위에 결가부좌한 비천상 각 1구씩을 배치하고 있다. 그러나 조각 수법이 몹시 퇴화했고 도식화되었다.

특히 당좌와 비천상 중간에 3행 종서로 명문이 조각되었는데 '천복(天腹) 4년 갑자(甲子) 2월 20일 송산촌(松山村)'이라고 되어 있다. 천복은 역시 당나라 소종(888~904년)의 연호이고 4년은 신라 효공왕 8년, 904년에 해당된다. 천복 4년 4월은 당의 소종이 살해되고 천우 원년이 되는, 당이 멸망한 때이며 또한 신라도 왕조가 망하기 바로 직전에 해당되는 때이다.

신라 범종으로서는 지금까지 소개된 것 중 최후에 제작된 범종 중의 하나라 할 수 있겠다. 명문에는 다른 신라 범종들과 같이 역시 이두, 지명, 주종장(鑄鐘匠), 감독 등의 직명과 명칭 등이 있어 범종 연구와 신라사 연구에 귀중한 자료를 제공해 주는 금속 유물이다. 725년의 상원사 범종과는 179년간의 시차가 있고 성덕대왕 신종과는 123년간의 연대 차가 있어 수법, 형태와 양식이 뒤떨어지는 것은 당연하다 하겠다.

무기명 범종

무기명의 신라 범종은 5점에 불과하다. 그것도 청주박물관 소장의 1점은 최말기에 속하는 것이고 동국대학교 박물관 소장의 실상사 파종(破鐘)도 완성된 것이 아니라 제작 때 실패한 범종 몸체의 일부에 지나지 않는다.

완전한 것 3점조차도 모두 일본에 소장되어 있어 이들 명문이 없는 5점의 범종에 대한 것은 대략 복원된 추측도와 실물에 근거를 두어 살펴보기로 한다.

청주박물관 소장 범종
국립청주박물관
높이 78센티미터, 구경 47센티미터
1970년 충청북도 청주시 운천동에서 금동 불상, 금고 등과 함께 출토되어 학계에 소개된 범종이다.

형태는 중(中)형의 범종으로 견대와 하대는 아무런 문양 조식이 없는 무문대(無文帶)로 처리하였고 유곽대에만 반원권의 유곽내에 3구의 비천상을 배치하고 있다. 간지(間地)는 삼보문과 당초문으로 장식하였다. 유곽내의 종유(9개) 역시 연화좌를 바탕으로 돌기된 유두를 갖추고 있으며 종신에는 2구의 비천상을 배치하고 있는데 그 중 1구는 주악상이며 다른 1구는 합장한 공양상으로 천상으로 승천하는 유려한 모습이다.

　당좌는 역시 2개를 비천과 교대로 배치하고 있는데 그 모양은 12잎의 연화문을 두르고 연화문과 주위의 원 사이에 당초문을 조식하고 있다. 특히 이 범종에 대하여 고(故) 김영배 공주박물관장은 제작 시기를 고려초로 추정하고 있으나 범종의 형태나 문양 등으로 보아 신라말인 10세기 초반에 해당되는 신라의 최말기 범종으로 보아도 무리가 없다. 특히 비천상이 신라시대의 비천 주악상과 동일

청주박물관 소장 신라 범종의 측면도

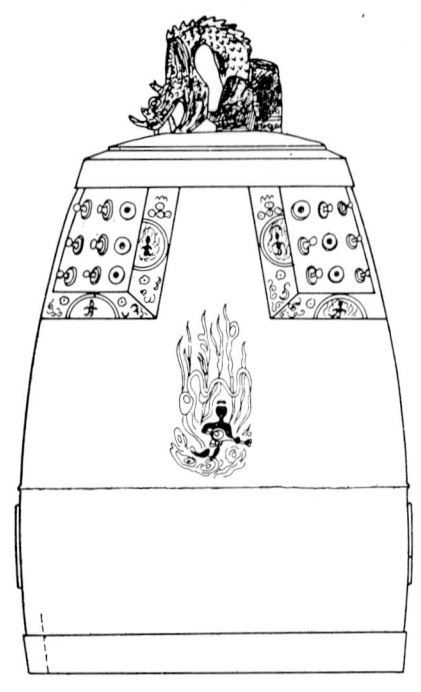

한 형태인 점, 또 고려시대 천흥사 범종(1010년)의 비천에서 보이는 것과 같은 합장한 공양상이 동시에 나타나는 것을 볼 때 신라 말기의 범종과 유사한 점이 많다.

실상사(實相寺) 파종
동국대학교 박물관
현재 높이 99센티미터, 구경 101×99.5센티미터

이 파종은 1967년 3월 29일 전라북도 남원군 산내면의 실상사 경내에서 발굴된 것으로 학계에 상세히 발표 소개된 적이 있다. 그러나 불행하게도 완형의 범종이 아니고 종신의 윗부분이 주종(鑄鐘) 때 실패하여 상실된 것으로 전체의 형태와 견대, 용뉴, 유곽, 유두 등의 각부 양식을 알 수 없게 된 것이 유감이다. 현재 범종의 하부만이 잔존하고 있는데 종신에는 2구의 비천상이 구름 위의 연화좌에 결가부좌하고 있다. 비천 1구는 횡적을 또 1구는 생을 주악하는 상으로 되어 있다.

당좌는 상원사 범종과 유사한 것으로 중앙에 8판소문(八瓣素文)의 연화문을 두고 그 주위에 인동(忍冬) 당초문대를 두른 원형 당좌이다. 하대인 구연대에는 상하단에 연문대를 조식하고 주문양은 당초문으로 양각 장식하였다.

특히 각 당좌와 비천상들의 바로 밑부분에 당좌와 동일한 4개의 원형문을 주문양대 속에 첨가 배치하고 있는 점이 주목된다. 또 이러한 문양이 봉덕사 성덕대왕 신종의 종구 하대의 8릉형 문양대의 것과 유사하다. 현재의 형태로 보아 범종의 전체적인 양식과 수법이 선림원지에서 출토된 정원 20년명(貞元廿年銘) 범종과 흡사한 점이 많이 발견되어 역시 이 시대를 벗어나지 못하는 9세기경의 범종이 아닌가 한다.

광명사(光明寺) 소장 범종
일본 도근현(島根縣) 광명사
높이 88센티미터, 구경 51센티미터

이 범종은 견대와 하대의 문양이 각각 다르다. 견대는 와문(渦文)을 반복 연속시켜 처리한 듯한 간결한 당초문으로 장식하고, 하대는 견대와는 달리 반원권을 중심하여 내외를 당초문으로 장식하였다. 특히 반원권내의 선대문 속에는 여의두문(如意頭文)과 천인상(天人像)으로 장식한 것도 흥미롭다. 이와 같은 2개의 서로 다른 반원권 문양을 엇바꾸어 가면서 주문양대를 장식한 범종으로는 이것이 처음 있는 예이다.

당좌는 통상의 배치 방법으로 2개소에 비치하고 있고 문양도 15판의 연화문으로 처리하고 화문 주위를 당초문대로 둘렀다.

이 종에서는 특히 유곽의 문양이 흥미롭고 특이하다. 유곽의 상방 문양대에는 갑옷을 걸친 천부입상(天部立像)을 양쪽에 배치하고 그 밑으로는 반원권내에 합장한 동자 좌상을 나타내고 있다. 그 밖의 유곽 공간대는 당초문으로 장식하고 있다. 마치 상대와 견대, 하대의 문양대가 서로 다른 것처럼 한 유곽내에 세 가지 종류의 장식 기법으로 특이한 문양대를 구비하고 있는 것이 주목된다.

종신에는 구름 위에 결가부좌하여 비파를 주악하거나 요고(腰鼓)를 두드리는 비천상 각 1구씩을 배치 장식하고 있는데, 이런 것들로 보아 이 범종 역시 9세기경이 아닌 10세기경에 제작된 신라 범종일 것이다.

주길신사(住吉神社) 소장 범종
일본 산구현(山口縣) 주길신사
높이 142센티미터, 구경 78.5센티미터

이 범종은 지금까지 알려진 신라 범종 중에서 상원사 범종, 봉덕사 범종 다음 가는 큰 범종으로서 용뉴 부분을 제대로 갖춘 흥미 있는 몇 가지 특징을 갖고 있다.

견대와 하대에는 동일하게 세잔한 연주문대를 두르고 내부에는 6엽의 화형(花形)을 반절한 듯한 화문(花文)이 배치되어 있으며 그 안에 8판의 연화문을 장식하고 있다. 그리고 바깥을 유운문으로 장식하고, 반절한 6화형(六花形)의 공간 사이를 또다시 운문으로 장식하고 있는 것이 이채롭다.

유곽 문양대는 특수하게 변형된 당초문으로 나타내고 내부에는 역시 연화좌에 돌기된 9개의 유두를 갖고 있다. 당좌는 2개를 종신에 배치하고 있으며 중심부에는 6엽(葉)의 연꽃잎으로 처리하고 그 외부를 하대에서와 같은 유운문으로 장식하고 있는 것이 특징이다.

비천상은 4구가 배치되어 있는데 장식 형태는 지금까지 신라 범종에서 보이던 하늘로 날아오르는 형태의 상과는 반대로 지상으로 하강하는 비천상으로 되어 있는 것이 특징이다. 범종의 제작 주조 연대도 문양이나 기법 등 여러 가지 점으로 보아 9세기경의 범종으로 보이는 작품이다.

운수사(雲樹寺) 소장 범종
일본 도근현(島根縣) 운수사
높이 75.3센티미터, 구경 44센티미터

이 범종 역시 신라 범종에서 보이는 용뉴를 구비한 것으로 견대와 하대의 문양은 연주문대로 장식하고 이 연주문대의 곳곳에 4판의 화문을 배치하였다.

특히 견대의 주문양대에는 천의를 옆으로 날리며 마주 보고 승천하는 비천상으로 처리하고 여타의 공간에는 운문과 화문을 장식하였다. 그러나 하대는 견대와 동일하게 외곽을 연주문대로 두르고 그 내부의 주문양대는 상원사 범종이나 선림원 범종 등에서 보이는 반원권 문양을 연속시켜 하대 문양의 주류를 이루었다. 이 반원권은 또다시 외곽과 중앙, 내곽으로 3분하여 연주문, 반화문, 보상화문 등으로 나누어 조화 있게 장식한 것이 다른 범종들의 문양대와는 다른 특징을 갖고 있다.

또한 각 반원권 문양들의 공간지를 당초문으로 조식하고 있는 것도 특징 중의 하나이다. 그리고 유곽 부분도 하대의 주문양대와

일본 운수사 소장 범종의 형태

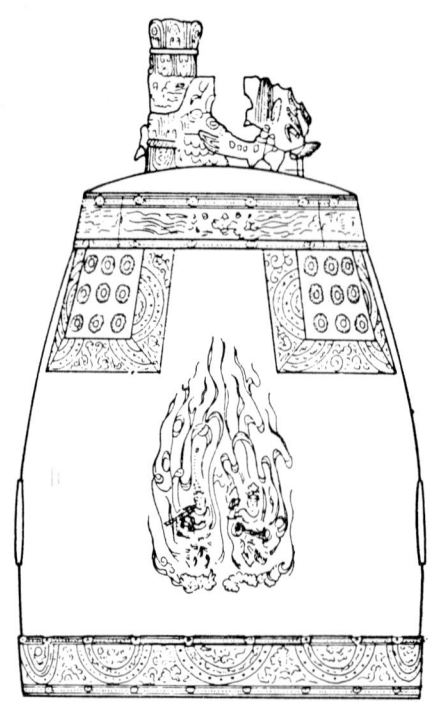

유사한 문양을 응용하여 장식하였으며 내부에 6엽의 연화좌를 마련하여 9유를 배치하고 있다. 이같은 유두 형식은 봉덕사 범종과 유사한 것이다.

종신의 비천상 2구가 역시 구름 위에 무릎을 꿇고 요고와 횡적을 주악하면서 승천하는 상으로 되어 있으나 그 장식 조각 수법이 다른 범종들의 비천상보다 선이 유려하고 아름답게 처리되어 있는 것이 특징이다.

당좌의 표현도 다른 범종의 당좌에 비해 자방이 몹시 크게 표현되고 외곽에 8엽의 연화문으로 장식하고 있다. 이런 여러 가지 점으로 볼 때 이 범종도 명문이 없어 정확한 주종 연대는 알 수 없겠지만 역시 9세기경에 제작된 신라 범종의 하나가 아닐까 한다.

이상으로 한국 범종의 형태와 기원 그리고 현재 유존하고 있는 신라시대의 유기명 범종 6구와 무기명 범종 5구, 총 11구의 대표적인 범종들을 살펴보았다.

이런 범종들에서 보이는 특징과 형태 그리고 문양대의 장식과 당좌, 비천상들의 특이한 점을 비롯하여 여러 가지 면을 분석하면서 상세히 검토하여 보자.

신라 범종의 각부 문양

한국 범종의 조형(祖形)이며 대표되는 신라 범종의 각부를 종신, 용뉴, 용통(음관), 상대 문양, 유곽의 문양, 하대 문양 그리고 비천상의 형상과 당좌별로 살펴보기로 하자.

종신

범종의 몸체는 한국 일반 가정에서 사용하는 김칫독을 엎어 놓은 것 같은 형태로 매우 안정감을 갖고 있으며, 종정에는 용뉴와 용통, 즉 음관이 있다.

또 당좌 2개와 주악하는 비천상 2구를 상호 교대로 배치하였으며, 상대와 하대를 갖춘 것 외에 상대에 접하여 네 군데에 9유두를 구비한 유곽을 배치하고 있다. 종정의 천판은 연꽃잎을 둘러서 장식하고 있는 것 등이 신라 범종 종신의 특징이다.

이와 아울러 종신과 종구의 비례는 2:1 내지 1.5:1의 비율에 가깝게 이루어져 있다. 종신의 단면을 도면으로 작성하여 볼 때 신라 범종은 종구 쪽이 기차 레일처럼 안쪽으로 약간 凹형으로 되면서 두껍고, 종복에 이르러서는 점차 얇아진다. 이것이 종정에 가까운 쪽으로 올라갈수록 다시 두껍게 되나 종구 쪽보다는 약간 덜 두꺼운 상태이다. 이와 같이 상하가 다른 주물법도 신라 범종의 특징 중 하나라고 할 수 있다.

용뉴와 용통(음관)

신라 범종의 종정에는 예외 없이 용뉴와 용통을 구비하고 있다. 용뉴에서는 용이 종정의 천판을 두 발로 힘차게 딛고 있는데 용두는 범종 전체를 물어서 들어 올리는 박진감 있고 사실적이며 긴박감이 감도는 형태로 조각되어 있다. 또한 형태가 몸체를 역U자형으로 솟구치는 듯한 형상을 하고 있는 것도 공통된 특징이다.

여기에 부착된 용통(음관)을 몇 단으로 구분하여 화려한 당초나 보상화문 내지 연화문 등으로 외면을 장식하여 화려함을 나타내고 있는 것도 특징이다. 이 용통의 내부가 관통되어 천판과 통하도록 되어 있는 것이 중국이나 일본의 화종과 다른 독특한 특징 중의 하나이며 중요한 점이라 할 수 있다.

견대(상대) 문양

이미 언급한 11구의 범종 가운데 명문이 있어 시대가 확실한 6구와 무기명 범종 5구의 제작 시대는 서기 700년대부터 900년대에 속한다.

이 기간은 신라 불교의 최성기인 동시에 우수하고 찬란한 유물들이 많이 제작되어 현재까지 전하여지고 있는 실정이다. 이런 역사적 배경 가운데서 국가나 사찰 자체의 불사로서 이루어진 신라의 범종들에 장식된 주문양은 통계적으로 보아도 반원권 문양을 주된 문양으로 사용하고 있고 봉덕사 성덕대왕 신종, 일본 상궁신사 소장 범종, 실상사 파종, 일본 운수사 소장 범종, 일본 광명사 소장 범종, 청주박물관 소장 범종 등 6구만이 다른 문양으로 장식되어 있다.

특히 이 6구의 범종 중 유일하게 성덕대왕 신종이 보상 당초문으로만 주문양대를 이루고 있어 같은 연대에 속하는 다른 것에서는 볼 수 없는 것이 특징이라고 할 수 있다. 이와 같은 문양대로 장식한 것은 훨씬 시대가 떨어지는 고려 초기의 통화 28년명(統和二八年銘, 1010년) 천흥사 범종에서 찾아볼 수 있을 뿐이다. 일설에 의하면 신라시대의 금속 공예품에서 사용된 보상화문과 당초문은 7세기부터 사용되기 시작하여 통일신라시대에 이르러 전반적으로 사용되었다고 한다.

그러나 당초문은 5세기경에 속하는 고구려 고분벽화에서부터 보이기 시작하여 고려시대까지 벽화, 와당, 전, 불상의 광배, 일반 금속 공예품 등에 널리 보급되어 장식 문양으로 사용되고 있는 점으로 볼 때 이와 같은 주장이 과연 정확하게 규명된 것인지는 아직 미지수라 하겠다.

유곽의 문양

견대 문양과 동일하게 반원권 문양대를 주문양대로 사용하고 있는 것이 통례이고 그 중에는 보상 당초문, 천인상(天人像), 천부상(天部像), 화문(花文) 등으로 조식하는 이례적인 것도 있는 것이 주목된다.

하대 문양

성덕대왕 신종, 실상사 파종, 일본 상궁신사 범종 등에서는 보상 당초문과 파상문을 조식하고 있을 뿐 다른 범종들의 주문양은 견대나 유곽대의 문양과 동일하게 반원권 문양이다. 이 문양대의 내부에 주악상, 비천상, 연판문, 당초문, 유운문(流雲文) 등을 사용하여 장식하는 세부적인 차이는 있으나 주류를 이루는 문양대는 역시 반원권 문양이다.

비천상의 형상

대표적인 범종의 비천상을 살펴보면 다음과 같은 형상을 하고 있다.

상원사 범종 : 공후와 우(생)를 주악

일본 국부 팔번사 범종 : 횡적과 장고를 주악

성덕대왕 신종 : 무릎을 꿇고 합장 공양

선림원 출토 정원 20년명 범종 : 횡적과 장고를 주악

일본 상궁신사 소장 범종과 일본 우좌 팔번궁사 범종 : 장고를 주악

청주박물관 소장 범종 : 비파 주악과 합장

실상사 파종 : 횡적과 생을 주악

일본 광명사 소장 범종 : 비파와 요고를 주악

일본 운수사 소장 범종 : 횡적과 요고를 주악

일본 주길신사 소장 범종 : 하늘에서 지상으로 하강

이상으로 볼 때 주길신사 소장 범종을 제외한 나머지 10구의 범종들에서 보이는 비천상들은 구름 위에 무릎을 꿇은 궤좌상(跪座像)이거나 결가부좌한 상태로 천의를 날리며 악기를 들고 주악하는 비천상들로 조식되어 있는 것이 두드러지는 공통점이라고 할 수 있다.

　이러한 것이 천흥사 범종을 제외한 고려 범종들의 천인상 대부분에서 보이는, 구름 위의 연화좌에 1구(軀) 또는 삼존(三尊)의 좌상으로서 천개(天蓋)를 구비한 보살상이거나 여래상들을 나타내고 있는 점과 다르다. 신라 범종의 비천상이 전부 주악하는 상인 것은 종교적 교리와 배경 내지 사상적인 어떤 중요한 점을 표현하고 있다고 본다.

　특히 상원사 범종의 주악 비천상 중 공후라는 악기를 주악하는 비천상은 유일한 것이다. 현재까지 전래되는 예가 없는 이 악기는 중앙아시아에서부터 기원되어 서유럽과 중국, 한국 등으로 전래되었다는 학설이 있다. 그렇게 본다면 우리 신라인들도 중앙아시아 지역인 서역과 오래전부터 상당한 문물을 직접 교류하였음을 증명하는 중요한 자료가 되는 것이다.

당좌

　신라 범종은 종신에 비천상과 함께 대칭으로 2개의 당좌를 배치하고 있는 것이 거의 공식적인 수법이며 그 형태도 거의 같다.

　형태는 당좌의 중심에 자방(子房)을 갖추고 주위에 여덟 잎의 연판을 배치하며 연판 외곽에는 다시 당초문이나 보상화문을 두르고 그 외곽선을 원형의 태선(太線)으로 마무리짓는 것이 신라 범종의 당좌 장식법의 통례이다.

고려 범종

　　서기 918년에 고려왕조를 건국하여 1392년 멸망 때까지 475년간
을 시대사적 입장에서는 보편적으로 초기, 중기, 후기의 3기로 구분
한다. 그러나 범종의 구분에서는 고려 건국초인 918년부터 1146
년 인종 말년까지인 229년간을 초기로 보고 1147년 의종 때부터
1392년 공양왕 말기까지인 246년간을 후기로 보는 학자도 있다.

　　10세기부터 11세기말까지를 초기로 보는 것은 북방 요(遼)나라
연호를 사용하던 때로 구분하는 것이고 이 때는 신라 범종의 전통을
다소나마 이어 오던 시기이다.

　　그러나 그 이후부터 고려 미술은 조각보다 공예 미술 방향으로
흘러, 공예에서 더욱 특색을 발휘하였던 시기로서 통일신라시대
문화 예술은 물론 대륙의 영향을 크게 받은 고려청자를 비롯한 제분
야가 전성기를 이루는 때였다. 그러나 12세기부터 14세기까지의
시기는 타국의 연호 대신 독자적인 간지(干支)로 기명(記銘)을 나타
내지만 고려 예술의 각 부분이 치졸화되고 평민화되어 가는 쇠퇴기
에 들어서는 시기이기도 하다.

　　12세기에 이르면 범종 역시 신라 범종과는 달리 왜소화되어 감에

따라 고려 범종의 시대 구분도 이 시대가 되어야 신라 범종과의 구분이 명확해진다. 좀더 세분하여 살펴보면 서기 1150년대까지는 신라 범종의 형태를 거의 따르고 있어 견대 위에 입상화문(立狀花文)이 없으나 1150년대 이후에는 이 문양이 나타나기 시작한다.

이런 점으로 볼 때 1150년 이전 시대를 고려의 초기 범종 시대로 보고 그 이후는 후기로 보는 것이 타당하다. 입화문 곧 입상화문의 유무에 따라서 보면 12세기 초반까지는 견대 위에 입상화문이 없으나 12세기 후반부터는 종 몸체가 왜소해지면서 견대 위에 입상화문이 나타나기 시작한다. 따라서 범종의 형태와 양식을 연호의 변경 기준에 의거하여 전기 후기로 구분하는 것보다 입상화문의 유무를 기준하여 초기와 후기로 나누어서 보는 것이 타당한 분류 방법이라 본다.

또한 고려시대에 이르러서는 국가 정책으로 불교를 사회의 밑바닥까지 침투시키고 왕조의 주류적 사상을 이루게 하였다. 그에 따라 불교는 왕권과 결탁하게 되었고, 불사(佛寺)와 승도(僧徒)는 국가적 보호하에 세력을 얻게 되었다.

또한 신라와는 달리 승려 계급이라는 특수 세력층이 발흥을 보게 되었다. 반면에 불교 자체도 초기의 불교와는 달리 후기에 이르러서는 의식 불교화되고 대중적이고 서민적인 불교로 변함에 따라 범종의 제작도 불사(佛寺) 자체에서 행하게 되어 대량으로 공급되는 실정이었다.

이와 같은 사회상의 변화로 범종의 공급이 확대되고 크기와 형태에서도 많은 변화를 가져오게 되었다. 지금까지 국내에서 개인이나 국립 기관 내지 공공 기관에 소장되어 오는 고려 범종의 수는 대략 74점에 이르며 일본의 23점을 합해 총 97점에 이르고 있다. 이렇게 변화된 고려 범종에 대하여 전기와 후기로 나누어 살펴보면 국내에 있는 74점 중 11점은 전기에 속하는 것들이고 나머지 63점은 후기에 속하는 것들이다.

전기 범종

앞에서도 말한 바와 같이 전기는 900년대부터 1150년대까지로 구분하는데 이 때에 속하는 범종은 성거산 천흥사 범종(통화 28년명, 1010년)을 비롯하여 10구에 달하는 것뿐이다. 이 중 몇 구의 범종만 소개하기로 한다.

성거산 천흥사 범종
국립중앙박물관
높이 128.3센티미터, 구경 95센티미터
현재 국립중앙박물관에 소장되어 있는 고려시대 초기의 대표적인 거종(巨鐘)의 하나로 1969년 7월 이전에는 옛 덕수궁 미술관에 소장되어 있었다.

현존하는 신라시대의 상원사 범종과 봉덕사 성덕대왕 신종 다음가는 우아한 거종으로서 제작 수법이나 양식이 고려 범종의 대표가 된다. 범종의 형태는 부분이 신라 범종의 형태를 닮고 있으나 용두가 천판을 물어서 들어 올리는 것과 같은 형태가 아니고 여의주를 물고 있는, 조금은 박진감과 용맹성이 결여된 용두 형태이다.

용통은 역시 신라 범종의 용통과 유사하게 5단으로 구분되어 있으나 신라 범종의 용통처럼 화려하고 짜임새 있게 연화문이나 당초, 보상화문이 장식되어 있지 않고 각 단마다 다른 문양대로 장식되어 있을 뿐 퇴화되고 도식화된 문양대로 처리되어 있다.

그리고 범종 정상의 천판 주변에는 신라 범종에서 볼 수 있는 연판대로 둘렀고 상대와 하대는 연주문대 속에 보상 당초문으로 주문양대를 이루고 있다. 유곽 역시 단순한 보상화문대로 장식하였다. 유곽내에 있는 유두는 원형의 연화좌 위에 약간 도드라진 유두로서 9유를 배치하고 있고 범종 몸체의 배 부분에는 2개의 당좌와 2구의 비천을 배치하고 있다.

당좌는 원형의 자방을 갖추고 둘레를 여덟 잎의 연판으로 둘러 연판 외곽 주위를 연주문대로 처리하고 다시 그 외곽에 인동 당초문대를 두르고 또다시 외곽선을 굵은 연주문대로 처리한 점이 특색이다. 이같은 형식은 신라 범종의 당좌 양식에서 계승한 듯하다.

당좌와 교대로 배치한 2구의 비천상 배치와는 달리 한 곳에 비천을 1구씩만 배치한 것도 또 다른 특징이다. 비천상은 구름 위에 무릎을 꿇고 합장하며 승천하는 자세로 양각한 우아한 모습이다.

특히 유곽 바로 밑으로 위패형 명문곽을 설치하고 그 속에 명문을 기록하고 있다. 즉 "성거산 천흥사 종명 통화(統和) 28년 경술(庚戌) 2월 일"이라 하였는데 이와 같은 위패형 명문곽은 고려시대에 나타나는 새로운 양식이다.

이 명문에 있는 성거산은 충청남도 천원군 성거면에 있는 산이다. 고려 태조가 성거산성에 오색의 구름이 걸쳐 있는 것을 바라보고 성거산이라 이름지었다는 산이며, 천흥사는 고려 태조가 재위 4년에 창건하였다는 사찰이다. 또 이 범종의 통화 28년은 고려 현종 원년(1010)에 해당되며 통화라는 연호는 요나라의 연호이다.

경기도 여주 출토 청녕(清寧) 4년명 범종
국립중앙박물관
높이 84.7센티미터, 구경 55센티미터

1967년 4월 18일 경기도 여주군 금사면 상품리에서 동리에 거주하는 이영구 씨가 고철 수집 중 우연히 발견하여 좋은 자료로 남긴 고려 전기의 중형 종이다. 종정의 천판 위에 서 있는 용뉴 부분은 일반 형식이며 용통은 6단으로 구분되어 있다. 각 부분마다 보상당초문을 양각하였으며 용두는 역시 신라 종과 달리 고개를 들었으며 용의 몸통을 구부러뜨려 종을 매어 달게 되어 있다.

상대와 천판이 접하는 계선상에는 8개 부분으로 입화형 뇌두문(蕾頭文)으로 처리하였고 또한 상대, 하대와 유곽대에는 세잔한 연주문대를 두르고 내부에 모란 당초문을 주문대로 하여 조식하였다. 유곽내는 유두가 자방형으로 도드라지게 9유로 처리하고 복엽(複葉)의 연화좌로 유좌를 조직하였다.

비천은 천흥사 종과 달리 종신의 네 곳에 4구를 배치하고 있다. 모두 운문(雲文) 위에 복련 연화좌이며 천의를 날리며 두신광을 갖추고 결가부좌하고 있다. 대칭으로 된 2구는 보관을 갖추고 있는 보살이며, 다른 2구는 보관이 없는 여래로 되어 있는 것이 주목되는 점이다. 당좌 역시 종신에 보살과 교차로 네 곳에 배치하였는데 중앙에 자방을 갖추고 주변에 복엽의 16연판을 두르고 그 외곽을 세잔한 연주문으로 처리하고 있다. 특히 종복에는 제작 연대와 중량을 알 수 있는 명문이 하대에 접한 방형의 구획 안에 조각되어 있다.

왕의 장수를 기원하여 종을 주조했으며 그 무게가 1백 50근이라고 했다. 연호는 청녕 4년 무술 5월이라고 되어 있는데 청녕 4년 무술은 고려 문종 12년(1058)에 해당된다.

경기도 화성 용주사(龍珠寺) 범종
경기도 화성군 태안면 송산리 용주사
높이 144센티미터, 구경 87센티미터

1921년 용주사내에 있는 것을 일본인이 처음으로 확인한 고려시대의 범종이다. 천흥사 범종과 더불어 드물게 보이는 거종이며 신라 범종의 양식을 가장 충실히 나타내고 있다.

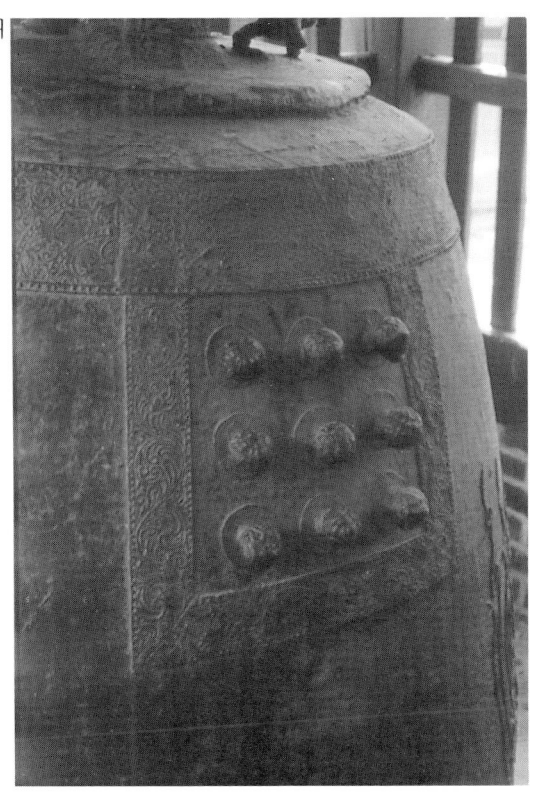

정상에는 신라 종에서 볼 수 있는 용뉴와 용통을 구비하고 있다. 용두는 천판 위의 보주(寶珠)를 물고 두 발은 천판을 딛고 종 전체를 들어 올리는 듯한 형태이다.

용통은 세잔한 연주문으로 둘러서 6단으로 구분하고 있다. 그 밖에도 당초문과 연주문으로 장식하고 있는데, 연화문의 형태는 원형, 반원형 또는 타원형 등으로 니타나 있는 것이 흥미롭다. 그리고 천판 위는 아무런 문양이 없지만 일단의 층단으로 되어 있다. 상대와 하대의 문양은 동일하게 처리하지 않고 서로 다른 문양대로 장식하였다.

상대의 문양은 신라 범종의 문양대와 같이 반원권 문양을 서로 상하 교대로 배치하여 사이사이를 당초문으로 장식하였으며, 하대의 문양은 연속되는 당초문으로 장식한 것이 상대 문양과 구분된다.

특히 하대의 주문양대 당초문은 당초가 한 번 구부러지는 중앙에 8판 내지 9판의 연화문을 독립시켜 배치하고 있는 특이한 장식법을 취하고 있다.

유곽은 안과 밖을 세잔한 연주문대로 하고 중앙에 하대 문양과 같은 연속된 당초문대로 장식하였다. 종 전체에 4개를 배치한 유곽의 안에는 원형 연판좌에 9개의 돌기 유두가 있다.

유곽 바로 밑으로 원형의 당좌를 배치하였는데 중앙부에는 여덟 잎의 연화를 주문양으로 하여 바깥은 연주문대를 장식하고 이 바깥을 당초문으로 두른 후, 맨 바깥쪽은 또다시 연주문대로 장식하였다.

범종의 몸체에는 유곽 사이에 두광을 갖추고 결가부좌하여 천의를 날리는 삼존상을 1구씩 비천과 교대로 배치하고 있다. 이러한 장식법은 특수한 예이다.

특히 여기서 주목되는 것은 원래는 무명종이었지만 후대에 별도로 종신에 명문을 조각한 점이다.

2개소에 후각(後刻)된 명문을 보면,

첫째 명은 성황산(成皇山) 갈양사(葛陽寺) 범종을 석반야라는 사람이 주성하였으며 그 무게가 2만 5천근이고, 현임금 16년 9월 일이라 했고 끝에 사문(沙門;승려) 염거(廉居)라고 되어 있다.

둘째 명은 화산(花山;성황산의 후대 이름) 용주사(龍珠寺;葛陽寺의 후대 이름)의 범종을 신라 문성왕(文聖王) 16년 5월 창건과 동시에 주성했다고 되어 있다. 연호는 불기(佛紀) 2950년 7월로 되어 있고 주지 대련이라는 이름이 있다.

이 명문에 의하면 신라 문성왕 16년(854)에 주성한 것으로 되나 이것은 범종의 형태나 양식과는 일치되지 않은 것으로 판명된다.

전(傳) 부안 출토 고려 범종
국립중앙박물관
높이 36.5센티미터, 구경 24센티미터

1959년 여름 전북 부안에서 출토되어 전해지는 종이며 원래 소장 지는 동원(東垣)미술관이었으나 동원미술관의 소장품 모두를 국가 에 기증함에 따라 현재는 다른 유물과 함께 국립중앙박물관 소장품 으로 등록되어 있다. 이 범종은 단정 우아하게 제작된 작은 것으로 전통적인 양식과 형태를 제대로 갖추고 있다.

특히 용통 한쪽 면의 능형으로 된 문양 내부에 보살 입상을 약식화 하여 양각으로 장식하고 있으며, 용통 정상에 연주(連珠)를 장식하 지 않고 입상의 연판을 장식하고 있는 것이 마치 연꽃이 되기 직전 의 모습과 유사하다.

종정의 천판 위에는 52엽의 단연판을 정연하게 둘러 장식하고 있다. 또 상대와 하대는 각각 안과 밖의 둘레를 연주문대로 장식하 고 그 내부는 당초문으로 양각한 주문양대를 이루고 있으나 하대의 당초문은 상대와는 달리 변형된 독특한 문양이다.

유곽의 주문양대도 당초문이며 9유는 8판 단엽(單葉)의 연화좌 유두로 되어 있다. 당좌는 둘레에 연주문대를 두르고 복판(複瓣) 이 연판으로 된 원형 당좌이다. 이 작은 범종에서 특히 주목되는 것은 일반 범종에는 2개 내지 4개의 당좌가 있는 것과는 달리 당좌 가 1개뿐이라는 점이다. 또 궤좌형(跪座形)의 비천 1구와 두신광 (頭身光)과 천개(天蓋)를 갖춘 결가부좌한 보살상 1구, 비상형(飛翔 形) 비천상 1구, 도합 3구를 당좌 1개와 함께 네 곳에 배치하고 있는 점이다.

지금까지 출토된 범종의 일반적 양식인 당좌 2내지 4개, 비천 또는 보살상 2내지 4구를 배치하던 것과는 달리 당좌 1개에 각각 다른 형상을 갖춘 비천과 보살을 종신에 배치하고 있는 점은 이 종에서 볼 수 있는 특례 중의 하나로 주목되는 점이다. 이와 유사한 예의 범종들은 '일본 병고현 미상신사(兵庫縣 尾上神社) 소장 고려 범종'과 '복강시 성복사(福岡市 聖福寺) 소장 고려 동종' '승천사 (承天寺) 소장 고려 범종' 등에서 볼 수 있으나 국내에 현존하는 것으로는 처음 있는 범종이다. 또한 범종 몸체에 약간의 도금한 흔적이 보이고 있어 당시의 범종 구조와 장식성의 연구 대상이 되는 귀중한 자료이다. 그리고 보살상 머리 위에 천개를 갖추고 있는 양식도 이 범종에서 처음 시작되는 시원적인 자료가 아닌가 한다.

후기 범종

고려 후기 범종은 1150년대 이후부터 1392년 고려가 멸망할 때까지의 것으로 국내에 현존하는 것으로는 대략 64점에 이르고 있다. 여기에서는 '내소사(來蘇寺) 범종'을 비롯한 몇 점의 대표적 범종을 소개하기로 한다.

내소사 정우(貞佑) 10년명 범종
전라북도 부안군 산내면 석포리 내소사
높이 103센티미터, 구경 67센티미터

보물 277호로 지정된 지금까지 널리 알려진 범종이다.

현재 내소사 대웅전 앞 종각에 걸려 있으며 상하대의 문양은 모란 이 붙은 당초문대가 매우 화려하게 장식되어 있고 유곽의 연주문대 안쪽에도 당초문 장식이 있다.

천판과 상대가 맞닿는 계연(界緣) 위에 이중으로 된 여의두문(如意頭文)의 입상 화문대(立狀花文帶)를 정연하게 장식하고 있어 후기 범종의 특색을 여실히 나타내고 있다.

유곽내에는 돌기된 9유가 있고 유곽 밑으로 중판(重瓣) 연화로 된 당좌가 네 곳에 배치되어 있으며 종신 중간의 유곽과 유곽 사이에는 만개한 연화가 받치고 있는 운상(雲上)의 삼존상이 네 곳에 양각으로 장식되어 있다. 삼존 중 본존은 좌상이고 양 협시(兩脇侍)보살상은 장신(長身)의 입상으로서 삼존 모두 두광(頭光)을 갖추고 있다.

구름 끝이 길게 위로 뻗은 상단에는 천개가 있는데 옆으로 수식(垂飾)이 나부끼는 정상에는 정교한 용두와 용통이 있다. 용두는 탑산사(塔山寺) 범종의 용두와 흡사하고 용통 상부의 주연(周緣)에는 여의주처럼 생긴 굵은 연주(連珠)를 배치하고 있다.

특히 종신에 27행의 명문이 있어 범종의 내력과 주조 관계를 확연히 알 수 있는 귀중한 종이다. 정우(貞祐) 임자년(고려 高宗 9년)에 청림사(青林寺) 종으로 만든 것을 조선 철종 1년에 내소사로 옮겼음을 명문을 통해 알 수 있다.

정풍(正豊) 2년명 범종
국립중앙박물관
높이 22.5센티미터, 구경 16.9센티미터

이 범종은 당초에 김동현 씨 소장품이었으나 박병래 씨 소유로 이전되었다가 박병래 씨가 자신의 소장품 전부를 국가에 기증함에 따라 국립박물관 소장품으로 등록된 것이다.

형태를 보면 정상에는 용뉴와 용통이 있고 용통 정상에는 작은 연주문 6개가 장식되어 있다.

용두의 형태와 장식은 완전하나 용의 오른쪽 발이 결손되었고 왼쪽 발은 한 개의 보주(寶珠)를 움켜 쥐고 있다. 상대의 상연(上緣)에는 입상 화문대가 둘러져 있고 그 밑으로 한 줄의 가는 선과 연주문을 둘러 상대와 경계를 이루고 있다.

상하대는 뇌문(蕾文)이며 그 안에 원권을 갖춘 범자(梵字)가 장식되어 있는데 상대에는 12자, 하대에는 7자를 양각하였다. 4개소에 배치된 뇌문 유곽에는 9유가 화판에 돌기되어 있으며 각 유곽 밑으로 4판의 8판 연화문 당좌가 있다. 그 사이에는 보살상 4구가 배치되어 있는데 복판의 앙련(仰蓮) 위에 합장하고 결가부좌하였다. 이 보살상들은 두신광, 보관, 영락, 통견의를 갖추고 있어 장식 수법이 매우 유려하다.

특히 당좌 사이에 6행의 명문이 음각되어 있는데 연호가 정풍(正豊) 2년 경술로 되어 있어 고려 의종 11년(1157)에 제작되었음을 알 수 있다.

탑산사(塔山寺) 계사(癸巳)명 범종
전라남도 해남군 대흥사
높이 79센티미터, 구경 43센티미터

중형의 범종으로 용뉴에서부터 견대, 유곽, 하대 및 당좌에 이르기까지 그 문양의 장식 방법이나 양식이 매우 섬세하여 고조(古調)를 잃지 않은 우수한 범종이다.

용뉴는 정교하게 처리하여 매우 사실적이며 박력 있는 용두를 갖추고 있고 앞으로 뻗은 왼발은 여의주를 잡고 있으며 2개의 화염무늬가 용통을 감싸고 있다.

용통은 상, 중, 하의 3단으로 구분하고 각 단마다 당초문으로 장식하였다. 천판과 상대 계연의 위에는 섬세하게 처리한 연판(蓮瓣)을 촘촘히 세워 입상 화문대를 설치하였다. 상하대와 유곽의 상하 또는 내외에는 세잔한 연주문대를 두르고 내부는 화려한 당초문대로 장식하였다.

유곽내의 유두는 중엽 6판(重葉六瓣)의 연화에 자방이 돌기된 9개의 연화유를 배치하였다. 종복에는 당좌 4개와 보살상 4구를 교대로 배치하고 있는데 당좌는 연주(連珠)의 원권내에 8엽 중판 (八葉重瓣)의 연화 당좌이고 연화좌에 두신광을 갖춘 화려한 보살 좌상 4구를 갖추고 있다.

종신에는 이 종의 내력과 계사(癸巳) 10월이라는 명문이 있어 고려 범종 연구에 중요한 자료를 제공해 주고 있다. 명문 중의 계사 년은 지금까지 고려 고종 20년(1233)으로 해석하고 있는데 종의 양식 등으로 미루어 가장 타당한 견해라고 보고 있다.

탑산사 계사명 범종의 종정

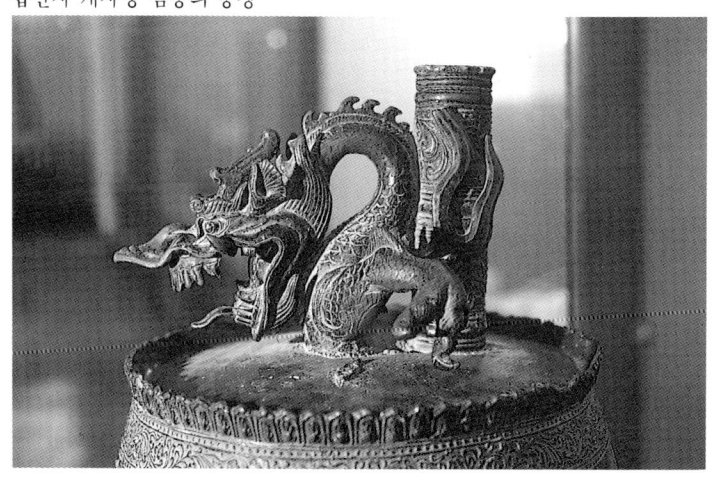

경기도 연천 출토 범종
국립중앙박물관
높이 35센티미터, 구경 23.5센티미터

이 범종은 1966년 1월 13일 경기도 연천군 백화면 원당리에서 기유명 청동반자(己酉銘 靑銅飯子)와 더불어 발견되었다. 작은 종에 불과하지만 종신의 형태와 흘러내린 곡선 그리고 용뉴, 용통 등 범종의 정상부 의장(意匠)을 살펴보면 아담한 고려 범종이 가지는 기본적인 양식을 제대로 갖추고 있다.

용통에 붙어 있는 용뉴의 조각이 분명하고 용통에는 소주(小珠) 4개가 남아 있다. 견대 윗부분에는 3각형으로 된 입상화문 26판이 둘러져 있으나 다른 범종의 예처럼 당초문을 장식한 것이 아니고 인동문에 가까운 문양으로 되어 있는 것이 특징이다.

상하대에는 3선(三線)내에 당초문이 장식되어 있고 종복에는 우수한 조각 수법으로 고부조(高浮彫)의 당좌 4개와 비천상이 교대로 배치되어 있다. 특히 고려 후기의 작은 범종들에서 흔히 보이는 선각이나 낮게 부조된 예와는 달리 당좌나 비천이 3∼4밀리미터씩 튀어 나온 장식법이 주목된다.

당좌는 6판의 각 화판마다 자엽이 3개씩 있는 연화문인데 이 당좌의 연화문은 자방 또한 8엽으로 둘러싸인 것이 특이하다.

특히 비천상은 머리 위에 보관을 썼는데 두광이 있으며 법의(法衣)는 매우 선명하여 주조 때부터 정성들여 제작한 흔적이 역력하다. 유곽에는 원형 받침의 또렷한 9유두가 있으며 유곽 역시 당초문으로 장식하였다. 다만 유감인 것은 범종에 명문이 없어 확실한 제작 연대를 알 수 없다는 점이다.

그러나 근래에 출토되어 소개된 범종인 '강원도 횡성 출토 범종' '경기도 양평 용문사 폐사지 출토 범종' '전남 강진군 대구면 사당리 출토 기유명(己酉銘) 범종' 등과 비교하여 볼 때 제작 수법이나 의장

이 훨씬 우수하여 시대가 앞설 것으로 생각된다. 또 1935년 6월 황해도 평산군 신암면 월봉리에서 출토된 '정우 11년명 범종'(고려 고종 10년, 1223)과 비교해 볼 때 유사한 점이 많아 적어도 1300 년대로 내려가지 않는 고려 중기에 속하는 우수한 범종이다.

고려 범종의 각부 특징

고려시대 범종 중 전기에 속하는 성거산 천흥사 범종을 비롯한 몇 구의 종과 후기에 속하는 내소사 범종을 비롯한 대표적인 몇 구에 대하여 살펴보았다. 이들 범종의 각부에 나타난 특징들을 살펴보면 신라시대의 범종들과 다른 점을 발견할 수 있다. 또 신라 불교의 특성과 고려 불교의 특성이 각각 다르다는 것도 알게 된다. 이제 고려 범종의 특성을 종합하여 관찰 열거하면 다음과 같다.

종신(鐘身)

신라의 범종신은 종구와의 비율이 거의 2:1에 가깝고 고려 전기 범종은 이와 같은 비율을 답습하여 전통을 이어 온다. 그러나 후기 범종에 이르러서는 왜소해지는 동시에 종구가 넓어져서 종신과 종구의 비율이 거의 1:1로 나타난다. 범종을 주조하는 제작 수법도 전기 범종에 비하여 조잡하여지고 신라 범종의 전통은 1150년대를 기준한 12세기부터는 완전히 사라지고 만다.

용뉴와 용통(음관)

고려 범종은 전후기를 막론하고 용체(龍體)가 장식적인 면에 치우쳐 S자형으로 휘어지게 표현하였으므로 박진감과 긴박감 그리고 사실성이 결여된다. 또한 여의주는 한 발 또는 양발로 잡고 있는 형태이다.

　용통 곧 음관은 신라 범종이 몇 개의 단으로 구분되고 표면이 화려한 당초나 보상화문으로 장식되어 있으나, 고려 전기 범종은 이와 유사한 형식을 따르고 있지만 후기로 내려올수록 용통 표면이 형식적이고 도식화된 문양으로 처리되거나, 용체에 나타난 화염문과 같은 장식법으로 처리되어 있다. 또한 용통의 정상부에는 소주(小珠)나 여의주 같은 것으로 주연 위를 두른 것이 고려시대의 모든 범종에 나타나고 있어 신라 범종과 구별되는 새로운 장식법을 쓰고 있음을 알 수 있다.

범종 정상의 연판(蓮瓣)

　신라 범종과 고려 전기 범종에서는 정상인 천판 주연 위에 화려한 연판이나 도식화된 연판을 두르고 있으나 고려 후기 범종, 즉 1150년대인 12세기 중반 이후부터는 한결같이 연판이 변형된 형태로 나타나 입상(立狀)의 화문대를 갖추고 있는 것이 특징이다.

견대, 하대, 유곽

　신라 범종의 견대, 하대, 유곽대는 반원권 문양을 주문양대로 하면서 당초문이나 보상화문을 장식한 것이 거의 통례로 되어 있다.

　고려 범종은 전기에는 이와 같은 장식법을 그대로 전승하여 평범한 당초문 또는 보상화문 반원권 문양대를 혼용하면서 사용하고 있다. 그러던 것이 후기에 들어와서는 뇌문(雷文), 국화문(菊花文), 모란문(牡丹文), 인동문(忍冬文), 보상 당초문(寶相唐草文), 초화문(草花文) 등 다양한 문양을 도입하여 서로 다르게 장식하는 형태로 나타나고 있다.

유두와 명문

신라 범종의 유두는 하나같이 연화좌에 돌기된 전형적인 화려한 돌기유이며 유두 자체도 화문으로 장식되어 있다. 성덕대왕 신종과 같이 예외의 유두도 있으나 대부분 돌기 유두도 화문과 화좌를 갖추고 있는 화려한 것이 특징이다.

고려 전기 범종도 이런 장식 수법을 유사하게 따르고 있으나 역시 신라시대의 범종에서보다는 도식화된 수법으로 표현하고 있다. 이것이 후기 범종에 이르러서는 더욱 퇴화되어 거의 약식화되고 형식화된 화좌 유두로 배열되어 있어 흥미롭고 주목되는 수법이다.

또한 범종 몸체의 명문이 신라는 주종(鑄鐘) 때 양주(陽鑄)로 하여 나타내고 있으나 고려에 이르러서는 몇 개의 전기 범종을 제외한 대부분의 후기 범종은 각자 명문(刻字銘文)으로 음각하고 있다. 특히 전기 범종에서는 중국의 연호를 쓰고 있으나 후기에 들어와서는 점차 연호 대신 간지(干支)로만 표현하고, 그 내용도 개인의 기복적(祈福的)인 뜻이 담긴 명문이 상당수 발견되는 것이 또 하나의 특징이다.

당좌와 비천상

신라 범종과 고려 범종이 가장 큰 차이를 보이는 것은 당좌와 비천의 표현법에서이다. 신라 범종에서는 종신에 2개의 당좌를 갖추고 연판과 보상 당초문 등으로 장식하고 외곽선을 원형의 굵은 선으로 마무리짓고 있다. 그러나 전기 고려 범종에서는 이런 수법을 답습하지만 점차 도식화된 경향을 보이다가 후기에 이르러서는 전혀 다르게 단순한 연화 당좌로 처리하고 있다. 이러한 점들이 전기 범종과 구별되는 특징이며 배치 방법도 예외 없이 2개가 4개로 나타난다.

그리고 신라 범종에서의 비천상은 2구가 서로 대칭으로 2개소에 배치되어 있다. 그 형상은 천의를 날리며 연화좌에 좌상이나 궤좌한 형상으로서 공후, 생, 횡적, 장고, 요고, 비파 등을 든 주악상이다. 이러한 것이 고려 전기에 들어와서는 비천이 각 1구씩으로 되어 합장한 형태로 나타나고 또 보살상과 혼용하여 배치하고 있다.

고려 후기에는 당좌의 배치와 동일하게 4개소에 4구의 보살상이나 여래상을 배치하고 있는데 이것이 가장 중요한 점이라 할 수 있다. 즉 신라 범종이나 고려 전기 범종들에서는 비천상과 보살상이 각각 독립되거나 혼용으로 장식되었던 것이 후기 범종에 이르러서는 두광, 신광을 갖추고 연화좌에 결가부좌하거나 궤좌하고 합장한 보살상으로 나타난다. 이러한 점은 신라에서 고려 전기까지는 화엄사상을 표현하던 것이 후기에는 천태종의 밀교적 영향과 의식 불교에 따른 특징으로 생각된다. 이러한 종교적인 중요한 문제는 다음 장에서 상세히 언급하도록 하겠다.

한편 고려 말기에 이르러 범종 양식과 형태에 또 다른 이색적인 것이 출현하게 된다. 그것은 개성 남문 누상(樓上)의 연복사(演福寺) 범종과 같은 것이다. 이 범종은 원나라 장인이 제작한 중국 종의 형태를 따른 것이다. 이와 같은 양식을 받아들이면서 범종 양식에 커다란 변화를 가져오게 되었고, 이것이 후에 조선왕조의 각 사찰과 문루에 걸려지는 중국 범종의 형식을 모방한 다량의 범종이 된 것이다. 그래서 위용이 있고 아름다웠던 한국의 조형적인 신라 범종의 형태는 고려왕조의 멸망과 더불어 단절되어 사라졌다.

조선 범종

　지금까지 신라 범종과 고려 범종에 대한 양식과 형태 그리고 각부의 문양과 범종의 특징에 대하여 대략 살펴보았다. 역시 신라 범종이 한국 범종을 대표하고 있으며 전형적인 기본 양식으로 고려 범종에 많은 영향을 끼쳐 왔다는 것이 현재까지의 통설이다.

　고려의 범종은 전기 양식과 후기 양식으로 구분되었다. 그러나 고려말에 이르러 중국 종의 양식이 이 땅에 들어와 큰 변화를 가져오게 되었고 이런 양식과 형태가 조선조 범종 양식에 지대한 영향을 미쳤다. 그 결과 조선왕조 특유의 범종 형태와 양식이 나타나게 된다.

　조선시대의 범종에 대하여 일설에서는 고려 범종의 형식을 계승하면서 약간의 변화를 보이고 있다고도 하고, 다른 한편으로는 고려왕조가 멸망하면서 전통적인 한국 범종의 수법을 답습 전승하는 외에 원나라의 영향을 받아들여 개성 연복사 종처럼 중국 범종의 수법과 혼합된 형식의 범종이 출현하게 된다고 보는 설도 있다. 또 다른 설에 의하면 1592년 임진왜란을 기점으로 조선왕조 특유의 중국 범종을 모방한 범종이 출현하게 된다고도 한다.

이상의 설들 중에서 공통되는 점은 조선시대의 범종이 신라나 고려 범종의 기본 양식과 형태를 계승하면서도 전체적인 규범으로 볼 때 중국 범종의 형태를 전반적으로 받아들였다는 것이다. 그러나 일부 전통 양식은 미비하지만 희박하게나마 계승하고 있는 점도 있다. 그것은 단룡(單龍) 용뉴가 쌍용으로 변화되고 용통이 없어진 대신 종정의 천판 중앙에 단순한 원공(圓空)으로 변한 점이다. 또 견대나 하대를 평범한 모란문, 국화문 등 초화문이나 범자대문(梵字帶文)으로 장식하고 있는 점이다. 또한 견대에 붙어 있는 4개의 유곽을 독립되게 배치하고 유곽내의 9유도 역시 도식화된 화좌유(花座乳)로 처리하고 있다. 그리고 몸체에 표현한 비천상이나 좌상의 보살상 대신 두광과 보관을 갖추고 몸에 잡다한 장식을 하고 양손에 연꽃이나 다른 지물(持物) 등을 들고 있는 보살 입상을 2구 내지 4구씩 배치하거나 아니면 범자로 대신 장식하고 있는 점 등은 역시 전통을 계승한 것으로 볼 수 있겠다. 그 밖에 간혹 팔괘(八卦)를 배치하는 예도 있다.

또한 신라 범종이나 고려 범종에는 간결하게 양주(陽鑄) 또는 각자(刻字)했던 명이 장문화하고 시주자의 이름까지 열거하는 잡다한 것으로 바뀐 점을 들 수 있다.

현재까지 알려진 조선시대 범종 180여 점 중에 명문이 있는 94점의 범종에서 대략 다음과 같은 몇 가지 사실들을 발견할 수 있었다.

즉 서기 1392년의 홍무 25년명 범종(서울 봉은사 소장)에서부터 1550년경까지인 14세기말경부터 16세기 중엽까지의 조선시대 범종은 대략 신라나 고려 범종의 양식을 갖추면서도 약간 변화를 보인 것과, 개성 연복사 범종처럼 중국 범종의 형태와 양식을 완연히 갖추고 나타나는 두 개의 큰 줄기로 구분된다.

신라나 고려 범종의 형태와 양식을 갖춘 것은 중형이거나 소형의

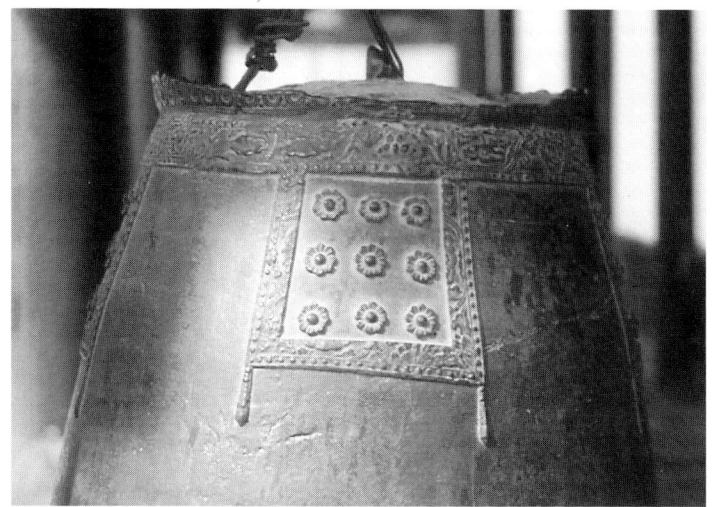

봉은사 홍무 25년명 범종

범종들이고 중국 범종의 형식을 갖춘 것은 흥천사 천순 6년명 범
종, 봉선사 성화 5년명 범종과 같은 대형의 거종을 들 수 있다.

그러나 1600년경 이후부터는 본래의 한국 범종 형태나 양식을
상실한 중국 범종의 모방 형식을 거의 따르고 있는 변질적인 형태가
되었다. 다시 말하면 14세기부터 16세기말까지는 전통적인 양식과
형태를 약간씩 변질시킨 범종과 중국 종의 형태나 양식을 그대로
받아들인 모방형 범종의 2대 유형으로 전래되다가 16세기말 이후부
터는 완연히 본래의 전통 양식이나 형태를 상실한 범종이 나타나고
있다. 이 밖에도 중국 범종의 본래 양식과도 차이가 있는 또 다른
혼합 형태의 범종이 나타나고 있다.

이로써 조선시대 범종은 말기에 이를수록 본래의 양식과 형태
그리고 중국 범종의 형태와 양식 등을 상실한 이형(異形)의 형태와
양식으로 변질되어 본래 한국 범종의 아름다움을 완전히 상실하게
된다.

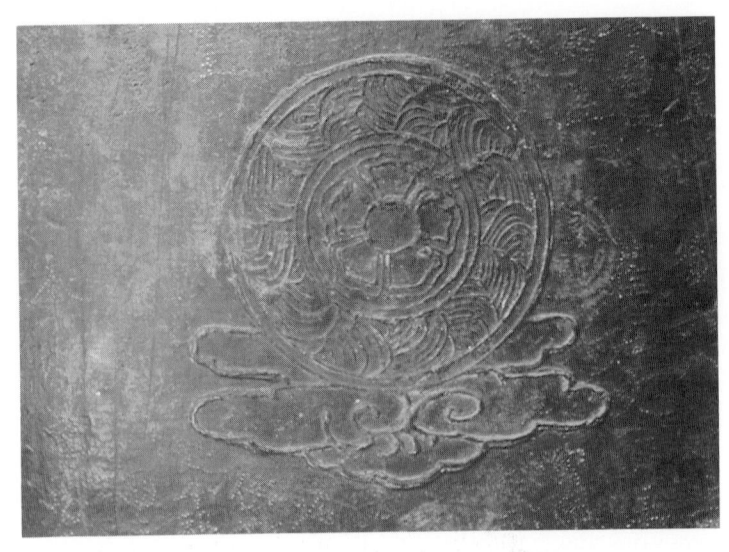

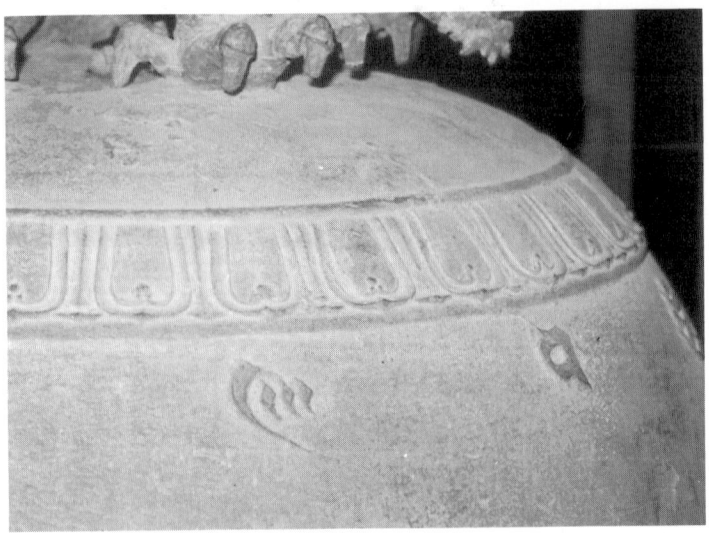

갑사 만력 갑신 12년명 범종의 종신의 문양 (위)
낙산사 성화 5년명 범종의 견대(아래)

신라, 고려 범종의 형태와 양식을 갖춘 범종을 예로 들자면 다음
과 같다.

봉은사 홍무 25년명 범종(1392년)

해인사 대적광전 홍치 4년명 범종(1491년)

백련사 융경 3년명 범종(1569년)

석남사 만력 8년명 범종(1580년)

안정사 만력 8년명 범종(1580년)

태안사 만력 9년명 범종(1581년)

광흥사 만력 11년명 범종(1583년)

갑사 만력 갑신 12년명 범종(1584년) 등이고,

중국 범종의 형태와 양식을 모방한 범종은 아래의 예이다.

흥천사 천순 6년명 범종(1492년)

보신각 성화 4년명 범종(1468년)

국립중앙박물관 성화 5년명 범종(1469년)

보광사 숭정 7년명 범종의 보살상

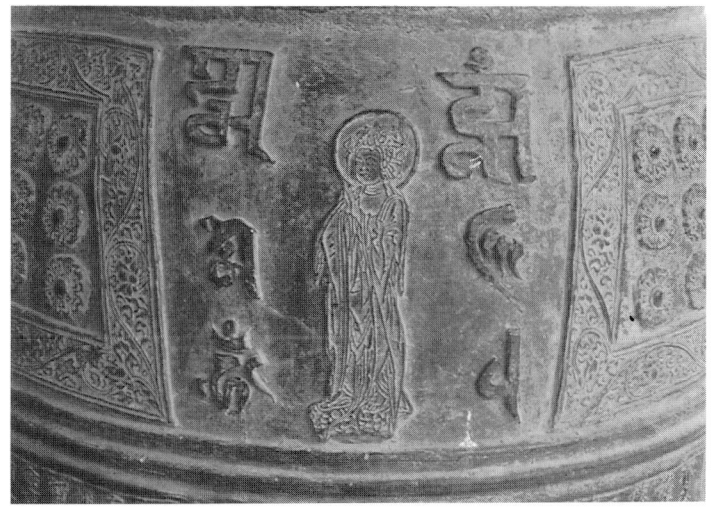

용흥사 범종의 유곽대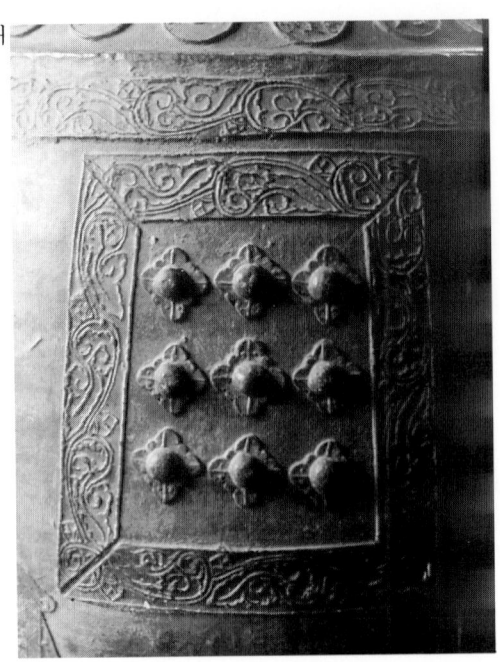

봉선사 성화 5년명 범종(1469년)
낙산사 성화 5년명 범종(1469년) 등이며,
본래의 전통 양식, 또는 중국 범종의 형식이나 양식과도 차이가
있는 혼합 형태의 범종으로는 아래의 예를 들 수 있다.
화계사 강희 22년명 범종(1683년)
봉은사 강희 40년명 범종(1701년)
보광사 숭정 7년명 범종(1634년)
개암사 강희 28년명 범종(1689년)
용흥사 순치 원년명 범종(1644년)
선암사 대각암 순치 14년명 범종(1657년)

비천상과 보살상

한국 범종의 조형이라 할 수 있는 신라 범종의 각부 양식, 형태, 기원 그리고 문양에 대하여 설명한 바 있으나 가장 중요한 문제는 종신에 배치한 비천상에 대한 것이라 본다. 그래서 여기서는 중요한 장식인 비천상과 보살상에 대해 자세히 살펴보도록 하겠다.

특히 신라왕조 다음에 이어진 고려왕조의 범종에서 비천이 보살상이나 여래상으로 변모되어 나타나는 양식은 극히 주목되는 중요한 점이다. 이는 당시 신라의 불교사상과 교리 규명에도 매우 중요한 자료가 된다. 또한 이 점을 분명히 밝히지 않고서는 비천과 보살을 조식하는 의미가 어디에 있는지를 확실히 알 수 없다.

불교가 중국으로부터 전래된 후 신라 불교는 독창적인 성격을 띠고 발전하였다. 서기 7세기부터는 자장, 원측, 원효, 의상 등의 고승들을 배출하면서 종세를 떨쳐 불교사상 체제를 정립함과 동시에 불교의 기반을 굳혔다. 한편 교리의 종합과 정리를 기하여 단일화를 이루면서 호국불교와 왕실불교로서 크게 역할을 하여 신라사회의 정신계를 이끌어 나가는 원동력이 되기도 하였다.

이와 같은 원동력이 된 것은 의상대사(625~702년)에 의한 화엄종이 대종을 이루었다 할 수 있다. 즉 신라왕조가 끝나는 그 시기까지 신라 불교는 화엄종으로 고대 사회의 정신과 문화, 초부족적(超部族的) 기반을 굳혔다고 본다.

화엄종의 소의(所依) 경전은 「화엄경」이다. 화엄사상에는 지상 설법과 천상 설법의 두 가지가 있다. 그 표현을 보면 화엄종에 있어서 불심의 표현은 석가가 탄생하자마자 "천상 천하 유아 독존"을 부르짖으며 좌(座), 입(立), 동(動), 보(步), 주(走), 비(飛), 무(舞), 귀(歸)의 기거동정(起居動靜) 모습 위에 불법을 표현한 진취적이고 이상적인 표현이라고 할 수 있을 것이다. 즉 불심 표현의 기거동정에 있어 비(飛)와 무(舞)는 곧 천하의 설법을 뜻하고 천상의 표현은 곧 비천상으로 나타낸다. 이와 같은 천인상 표현 방법이 신라 미술 작품의 모든 분야에 비천상이 조식되는 동기라고 필자는 생각한다.

앞에서 언급한 바와 같이 신라시대는 화엄사상이 극도로 발달하여 불교적인 교리나 불교 미술품에도 뚜렷이 나타나 있다. 이런 점으로 볼 때 범종에 표현한 주악 비천상들은 천상 설법의 하나인 천인상으로 표현되었다고 본다.

그러나 고려는 태조 이래로 불교 정책을 사회 밑바닥까지 침윤(浸潤)케 하였다. 고려 건국 이래 주류 사상으로 신라 불교의 화엄종을 계승하다가 대각국사 의천(1065~1101년)의 출세로 비로소 획기적인 신불교를 만들어 면목을 일신, 교종과 선종을 통합하여 통일 이념이라는 견지에서 천태종을 창종(創宗)하여 고려의 전불교계를 풍미하였다.

「화엄경」의 표현이 지혜의 인격화이며 동화력 위에 나타나는 것이라면, 천태종의 교의인 「법화경」의 표현은 자비의 인격화로 응화력 위에 나타나는 것이라 할 수 있다. 또 가상의 진실을 표현하려는 특징을 지닌다 할 수 있다.

이상과 같이 천태종의 「법화경」을 주경(主經)으로 한 고려 불교는 후기에 들어서 점차 대중화되고 의식 불교로 변모되어 밀교적 영향과 내용이 많이 나타난다. 특히 의식 불교에서는 대사찰일수록 법구사물(法具四物)을 구비하게 되며, 또 밀교에서는 천인과 보살을 동일하게 보는 현상이 나타난다.

이와 같은 영향이 고려의 범종 중 후기에 속하는 범종에서 한결같이 비천상 곧 주악 천인상 대신에 내영도(來迎圖)의 뜻으로 연화좌 위에 두광, 신광을 갖추고 합장한 보살상으로 조식 표현되었다.

또한 고려의 불사 건축에도 순수한 불교 교리에 의해서 된 것이 아니라 재래의 살만적 신도(薩滿的 神道)의 행사와 다분히 혼합된 양상을 느끼게 하는 한편 개인의 도량화(道場化)에도 이용되고 건축되었다고 본다. 또한 불교는 교율적(敎律的) 측면보다는 밀선적(密禪的) 측면이 거의 전행(專行)되었다. 아울러 신라시대의 엄연하고 정제된 가람 제도가 고려에 이르러서는 잡다한 배치로 변하고 금당에 대한 명칭 등이 변이되었으며 건물 자체의 성격도 잡다해졌다.

이상의 것을 종합하여 볼 때, 범종은 신라나 고려를 막론하고 불타 대신 지옥중생을 제도하는 법구로서의 뜻은 같다. 그러나 범종에 배치하는 비천상과 보살, 여래상의 표현에는 차이가 있었다. 신라에서는 화엄사상에 의한 천상의 주악 천인상이 표현되었고 고려 전기 범종에서부터 보살, 여래상이 간간이 나타나다가 고려 후기에 이르러서는 전적으로 보살상으로 대체되었다. 이것은 천태종에 의한 밀교적 영향과 의식 불교로 인해 천인을 보살, 여래상과 동일시한 데에 연유한다.

범종의 주조와 음률

　우리나라의 범종은 형태와 양식이 아름답고 독특하며 각 시대마다 특색 있게 발전하여 왔으나 현재까지도 명확히 밝혀지지 못한점이 몇 가지 있다.

　범종 자체가 갖고 있는 형태와 양식 그리고 문양 장식 기법도 중요하겠지만 가장 중요한 것은 어떻게 이와 같이 우수한 합금술로 주종하였는가 하는 점이다. 또 어떠한 음도 기술(音度技術)을 발휘하여 주조하였기에 그와 같은 아름다운 종음(鐘音)을 낼 수 있는가하는 문제들이다.

　이와 같은 여러 가지 의문점에 대해 정확한 기록의 전래나 전수가전혀 없어 후대의 연구자들이 막연한 추측으로 판단하는 결과에불과한 형편이다. 특히 범종의 음률이 우리의 전통적 민속 음률과어떠한 연계를 가지고 있는지에 대하여는 더더욱 밝히지 못한 실정이다.

　이와 같은 현실 속에서 근래에 서울대학교 공과대학 연구팀의연구 결과에 의하면, 신라 범종의 아름다운 세부적 문양 장식의기본 수법은 과거의 학설들과 같이 밀랍(密蠟)에 의한 세밀한 조각

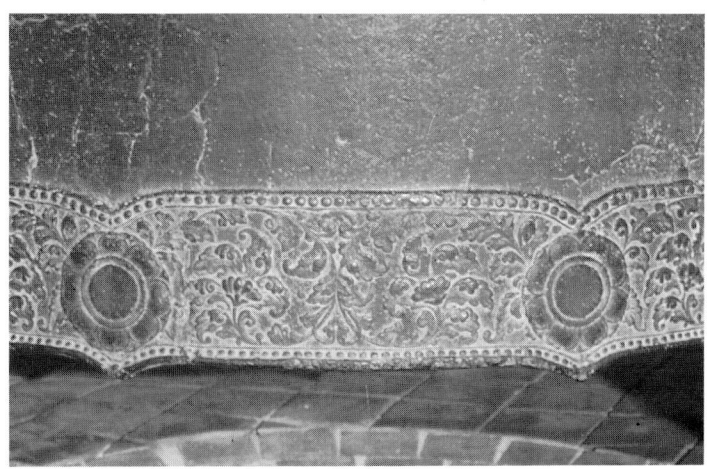
봉덕사 성덕대왕 신종의 하대

으로 보고 있고, 범종 자체의 주조 방법은 주형에 의한 것이라고
결론짓고 있다.

이 결과 상원사 범종은 2개, 봉덕사 성덕대왕 신종은 3개의 주형
을 조립하여 만들었다고 밝히고 있다. 즉 상원사 범종은 단일형
주형에 의한 것이고, 봉덕사 범종은 결합 조립형 복합 주형틀에
의한 것이다. 또한 범종 주조시 신라와 고려 범종에서 특이하게
다른 것은 용뉴와 용통의 주조 방식이다. 신라 범종은 용뉴와 용통
을 동시에 주조하였으나 고려는 별도로 주조하였다고 한다. 즉 본체
를 만든 다음 쇳물이 어느 정도 식어갈 때 용뉴의 용통을 끼워서
만든 것으로 신라와 고려의 기술적인 차이가 있다고 한다.

그리고 이 연구 조사 보고서에 의하면 범종의 진동 음률은 장차
공학적으로 재분석되어야 하며 재료의 분석에서는 「주례고공기
(周禮考工記)」에 나타나는 동과 주석의 합금 배합률과 신라 범종의
합금 배합률이 거의 동일하게 이루어졌음을 증명하고 있다.

「주례고공기」에는 금 6에 주석 1의 비율 곧 동(銅) 66%에 주석

14%로 종정(鐘鼎)을 제조한다고 했다. 한국 고대 범종의 성분 분석표를 보면 다음과 같다.

이 도표에 나타나 있듯이 당시의 금속 합금률에 관한 기술이 얼마나 정확한지를 알 수 있다. 다만 주조 기술에 관한 기록이 없어 당시의 기술에 따라 주조하지 못하는 것이 아쉬움이라 하겠다.

종이름	화학성분(%)					
	구리	주석	납	금	철	은
상원사 범종	83.83	13.26	2.12	0.04	아연0.32	0.23
선림원 출토 범종	87.7	8.76	1.64	0.04	0.16	0.39
실상사 범종	75.7	18.0	0.31			
조선시대 범종	80.1	12.2				
일본 범종	82.1	9-13	아연1-1.7			

부록
현존하는 명품 범종과 범종 일람

신라시대 범종

上院寺 범종
강원도 평창군 진부면 동산리 오대산 상원사, 높이 167cm, 구경 91cm
奉德寺 성덕대왕 신종
경북 경주시 인왕동 국립경주박물관, 높이 333cm, 구경 227cm, 국보제29호
國付八幡社 소장 범종
일본 台東區 東京國立博物館 탁본 소장, 높이 72.7cm, 구경 56.3cm
禪林院 범종
서울특별시 종로구 세종로 1번지 국립중앙박물관, 높이 122cm, 구경 68cm
常宮神社 소장 범종
일본 福井縣 敦賀市 常宮神社, 높이 111cm, 구경 66cm
宇佐八幡宮 소장 범종
일본 大分縣 宇佐市 豊前宇佐八幡宮, 높이 86cm, 구경 47cm
청주박물관 소장 범종
충청북도 청주시 명암동 국립청주박물관, 높이 78cm, 구경 47cm
實相寺 破鍾
서울특별시 중구 필동 동국대학교 박물관, 높이 99cm, 구경 101×99.5cm
光明寺 소장 범종
일본 島根縣 大原郡 加茂町 大竹, 높이 88cm, 구경 51cm
住吉神社 소장 범종
일본 山口縣 下關市 一宮町, 높이 142cm, 구경 78.5cm
雲樹寺 소장 범종
일본 島根縣 安來市 清井町, 높이 75.3cm, 구경 44cm

고려시대 전기 범종

성거산 天興寺 범종
서울특별시 종로구 세종로 1번지 국립중앙박물관, 높이 128.3cm, 구경 95cm
경기 여주 출토 淸寧四年銘 범종
서울특별시 종로구 세종로 1번지 국립중앙박물관, 높이 84.7cm, 구경 55cm
전남 여천 출토 太安二年銘 범종
충남 부여군 부여읍 관북리 31 국립부여박물관, 높이 50.7cm, 구경 30cm
경기 화성 龍珠寺 범종
경기 화성군 태안면 송산리 용주사, 높이 144cm, 구경 87cm, 국보제120호
傳 부안 출토 고려 범종
서울특별시 종로구 세종로 1번지 국립중앙박물관, 높이 36.5cm, 구경 24cm
경북 영일 출토 범종
경상북도 경주시 인왕동 국립경주박물관, 높이 38.7cm, 구경 25.3cm

국립중앙박물관 소장 범종
서울특별시 종로구 세종로 1번지 국립중앙박물관, 높이 71cm, 구경 42cm
경남 진주 三仙庵 범종
경상남도 진주시 상봉서동 88 삼선암, 높이 65cm, 구경 38cm
황해도 평산 월봉리 출토 범종
서울특별시 종로구 세종로 1번지 국립중앙박물관, 높이 42.5cm, 구경 28cm
경북 안동 신세동 출토 범종
서울특별시 종로구 세종로 1번지 국립중앙박물관, 높이 32cm, 구경 22cm
경희대학교 소장 강원도 횡성 출토 범종
서울특별시 동대문구 회기동 경희대학교 박물관, 높이 34.5cm, 구경 24.2cm

고려시대 후기 범종

正豊二年銘 범종
서울특별시 종로구 세종로 1번지 국립중앙박물관, 높이 22.5cm, 구경 16.9cm
乙巳銘 범종
서울특별시 종로구 세종로 1번지 국립중앙박물관, 높이 62cm, 구경 43cm
貞祐四年銘 범종
서울특별시 종로구 세종로 1번지 국립중앙박물관, 높이 22.4cm, 구경 14.2cm
丁丑銘 범종
서울특별시 중구 충무로 2가 차명호 소장, 높이 23.5cm, 구경 17cm
來蘇寺 貞祐十年銘 범종
전북 부안군 산내면 석포리 내소사, 높이 103cm, 구경 67cm, 보물제277호
貞祐十一年銘 범종
서울특별시 종로구 세종로 1번지 국립중앙박물관, 높이 51cm, 구경 28cm
貞祐十三年銘 범종
일본 京都 鄭詔文 소장, 높이 50.4cm, 구경 27.3cm
竹丈寺 己丑銘 범종
서울특별시 성북구 성북동 장형식 소장, 높이 33.5cm, 구경 20.5cm
塔山寺 癸巳銘 범종
전남 해남군 삼산면 구림리 대흥사, 높이 79cm, 구경 43cm, 보물제88호
戊戌銘 범종
서울특별시 종로구 세종로 1번지 국립중앙박물관, 높이 29cm, 구경 19cm
전남 고흥 출토 戊戌銘 범종
충청남도 부여군 부여읍 관북리 31 국립부여박물관, 높이 46cm, 구경 31cm
頭正寺 己亥銘 범종
서울특별시 성북구 안암동 고려대학교 박물관, 높이 39cm, 구경 32.5×24.7cm
甲辰銘 범종
서울특별시 종로구 신문로 2가 김신권 소장, 높이 20cm, 구경 15cm

전남 강진 출토 己酉銘 범종
서울특별시 종로구 세종로 1번지 국립중앙박물관, 높이 24.2cm, 구경 17.5cm
五聖寺 己酉銘 범종
경상북도 경주시 인왕동 국립경주박물관, 높이 16.3cm, 구경 10cm
正方寺 辛亥銘 범종
서울특별시 홍성하 소장, 높이 23cm, 구경 13.3cm
戊寅銘 범종
서울특별시 윤장섭 소장, 높이 25cm
寶嚴寺 乙丑銘 범종
서울특별시 종로구 세종로 1번지 국립중앙박물관, 높이 37cm, 구경 24.3cm
李秉喆 소장 범종
서울특별시 중구 서소문동 이병철 소장, 높이 62cm, 구경 48.6cm
경기도 수원 출토 범종
서울특별시 종로구 세종로 1번지 국립중앙박물관, 높이 68.3cm, 구경 47cm
강원도 횡성 출토 범종
서울특별시 종로구 세종로 1번지 국립중앙박물관, 높이 64cm, 구경 42cm
경기도 양평 출토 범종
서울특별시 종로구 세종로 1번지 국립중앙박물관, 높이 70cm, 구경 40.3cm
충남 금산 출토 범종
충청남도 부여군 부여읍 관북리 31 국립부여박물관, 높이 42cm, 구경 30cm
국립중앙박물관 소장 출토지 미상 범종
서울특별시 종로구 세종로 1번지 국립중앙박물관, 높이 29cm, 구경 28.5cm
충북 진천 출토 범종
서울특별시 예고당, 높이 40cm, 구경 24cm
경기도 고양군 三川寺址 출토 범종
서울특별시 종로구 세종로 1번지 국립중앙박물관, 높이 27cm, 구경 16.8cm
국립중앙박물관 소장 출토지 미상 범종
서울특별시 종로구 세종로 1번지 국립중앙박물관, 높이 40cm, 구경 25cm
경기 연천 출토 범종
서울특별시 종로구 세종로 1번지 국립중앙박물관, 높이 35cm, 구경 23.5cm
경남 하동 출토 범종
서울특별시 종로구 세종로 1번지 국립중앙박물관, 높이 17.6cm, 구경 11cm
황해도 평산 월봉리 출토 범종
서울특별시 종로구 세종로 1번지 국립중앙박물관, 높이 34.5cm, 구경 21cm
숭전대학교 박물관 소장 범종
서울특별시 관악구 상도동 숭전대학교 박물관, 높이 21cm, 구경 11.3cm
국립중앙박물관 소장 출토지 미상 범종
서울특별시 종로구 세종로 1번지 국립중앙박물관, 높이 29.5cm, 구경 16cm
국립중앙박물관 소장 출토지 미상 범종
서울특별시 종로구 세종로 1번지 국립중앙박물관, 높이 38.7cm, 구경 23.5cm

충북 청주 출토 범종
충청북도 청주시 국립청주박물관, 높이 34.5cm, 구경 20.1cm
강원도 원성군 흥양리 출토 범종
충청남도 공주시 중동 국립공주박물관, 높이 37.5cm, 구경 23.5cm
평남 孟山東面 출토 범종
서울특별시 종로구 세종로 1번지 국립중앙박물관, 높이 26cm, 구경 19.5cm
전북 부안 南浦里 출토 범종
충남 부여군 부여읍 관북리 31 국립부여박물관, 높이 30.4cm, 구경 17cm
경기도 용인 출토 범종
서울특별시 종로구 세종로 1번지 국립중앙박물관, 높이 30cm, 구경 22.5cm
국립중앙박물관 출토지 미상 범종
서울특별시 종로구 세종로 1번지 국립중앙박물관, 높이 27.5cm, 구경 18.5cm
金東鉉 소장 범종
서울특별시 중구 회현동 1가 김동현 소장, 높이 19.5cm, 구경 16.8cm
충남 금산 馬首里 출토 범종
충남 부여군 부여읍 관북리 31 국립부여박물관, 높이 27cm, 구경 16.5cm
전북 옥구 將相里 출토 범종
전라북도 전주시 전주시립박물관
황해도 殷栗 출토 범종
서울특별시 종로구 세종로 1번지 국립중앙박물관, 높이 25cm, 구경 15.8cm
경주 남산 天恩寺址 출토 범종
경상북도 경주시 인왕동 국립경주박물관, 높이 26.7cm, 구경 14.4cm
동국대학교 소장 범종
서울특별시 중구 필동 동국대학교 박물관, 높이 34cm, 구경 21.5cm
경희대학교 소장 범종
서울특별시 동대문구 회기동 경희대학교 박물관, 높이 21cm, 구경 14.3cm
黃圭董 소장 범종
서울특별시 서초구 서초동 황규동 소장, 높이 20cm, 구경 13.7cm
경남 하동 富春里 출토 범종
서울특별시 종로구 세종로 1번지 국립중앙박물관, 높이 18.7cm, 구경 13.2cm
동국대학교 소장 범종
서울특별시 중구 필동 동국대학교 박물관, 높이 19.3cm, 구경 12.5cm
동국대학교 소장 범종
서울특별시 중구 필동 동국대학교 박물관, 높이 11.7cm, 구경 10.9cm
국립중앙박물관 소장 범종
서울특별시 종로구 세종로 1번지 국립중앙박물관, 높이 19cm, 구경 12cm
국립중앙박물관 소장 범종
서울특별시 종로구 세종로 1번지 국립중앙박물관, 높이 20cm, 구경 11.5cm
경북 善山 출토 범종
소장지 미상, 높이 16cm, 구경 11cm

이화여자대학교 소장 범종
서울특별시 서대문구 대현동 이화여자대학교 박물관, 높이 17cm, 구경 11cm
전남 구례 華嚴寺 소장 범종
전라남도 구례군 마산면 황전리 화엄사, 높이 15.5cm, 구경 10.5cm
국립중앙박물관 소장 범종
서울특별시 종로구 세종로 1번지 국립중앙박물관, 높이 18cm, 구경 10.5cm
경북대학교 소장 범종
대구직할시 북구 산격동 경북대학교 박물관, 높이 17.5cm, 구경 10.5cm
李秉喆 소장 범종
서울특별시 중구 서소문동 이병철 소장, 높이 16.8cm, 구경 10.1cm
金載崇 소장 범종
서울특별시 중구 충무로 김재숭 소장, 높이 17cm, 구경 8.3×10cm
국립중앙박물관 소장 범종
서울특별시 종로구 세종로 1번지 국립중앙박물관, 높이 17cm, 구경 11.5cm
강원도 횡성 邑上里 출토 범종
서울특별시 종로구 세종로 1번지 국립중앙박물관, 높이 34cm, 구경 23.5cm
국립중앙박물관 소장 범종
서울특별시 종로구 세종로 1번지 국립중앙박물관, 높이 42cm, 구경 34cm
甲申銘 범종
서울특별시 강남구 역삼동 송성문 소장, 높이 45.2cm, 구경 39.6cm

일본에 있는 고려시대 범종

波上宮 소장 고려 범종　일본 沖繩縣 那霸市
昭蓮寺 소장 고려 범종　일본 廣島縣 竹原市
天倫寺 소장 고려 범종　일본 島根縣 松江市
正祐寺 소장 고려 범종　일본 大阪市 天王寺區
惠日寺 소장 고려 범종　일본 佐賀縣 唐津市
勝樂寺 소장 고려 범종　일본 佐賀縣 唐津市
鶴滿寺 소장 고려 범종　일본 大阪市 北區
圍城寺 소장 고려 범종　일본 滋賀縣 大津市
承天寺 소장 고려 범종　일본 福岡縣 福岡市
北澤國男 소장 고려 범종　일본 東京 豊島區
觀音院 소장 고려 범종　일본 岡山縣 大寺市
円清寺 소장 고려 범종　일본 福岡縣 朝倉那
水城院 소장 고려 범종　일본 福岡縣 筑紫郡
尾上福社 소장 고려 범종　일본 兵庫縣 加古用市
安養寺 소장 고려 범종　일본 福岡縣 北九州市
聖福寺 소장 고려 범종　일본 福岡縣 福岡市

不動院 소장 고려 범종   일본 廣島縣 廣島市
長安寺 소장 고려 범종   일본 新潟縣 兩津市
鷄林寺 소장 고려 범종   일본 兵庫縣 加古川市
出石寺 소장 고려 범종   일본 愛媛縣 喜多郡
賀茂神社 소장 고려 범종   일본 山口縣 光市
金刊頂寺 소장 고려 범종   일본 高知縣 寶戶市
專修寺 소장 고려 범종   일본 三重縣 津市

조선시대 범종

奉恩寺 洪武二十五年銘 범종   서울특별시 강남구 삼성동 73 봉은사
白蓮寺 隆慶三年銘 범종   서울특별시 서대문구 백련사
石南寺 萬曆八年銘 범종   경기도 안성군 서운면 북산리 석남사
甲寺 萬曆十二年 甲申銘 범종
충남 공주군 갑사, 높이 132.5cm, 구경 92cm, 보물제478호
泰安寺 萬曆九年銘 범종
전남 곡성군 태안사, 높이 96.5cm, 구경 66cm, 지방유형문화재24호
海印寺 大寂光殿 弘治四年銘 범종   경상남도 합천군 가야면 치인리 해인사
安靜寺 萬曆八年銘 범종   경상남도 통영군 광도면 안정리 안정사
廣興寺 萬曆十一年銘 범종   경상북도 안동군 서후면 자품동 광흥사
興天寺 天順六年銘 범종   서울특별시 중구 정동 1가 1-23 덕수궁
普信閣 成化四年銘 범종
서울특별시 종로구 세종로 1번지 국립중앙박물관, 높이 3.18cm, 구경 2.28cm
成化五年銘 범종   서울특별시 종로구 세종로 1번지 국립중앙박물관
奉先寺 成化五年銘 범종
경기도 남양주군 봉선사, 높이 238cm, 구경 168cm, 보물제397호
洛山寺 成化五年銘 범종
강원도 양양군 낙산사, 높이 158cm, 구경 98cm, 보물제479호
華溪寺 鐘閣 康熙二十二年銘 범종   서울특별시 도봉구 수유동 화계사
奉恩寺 鐘閣 康熙四十年銘 범종   서울특별시 강남구 삼성동 73 봉은사
開運寺 崇禎紀元後八十五年銘 범종   서울특별시 성북구 안암동 개운사
雍正四年銘 범종   서울특별시 종로구 세종로 1번지 국립중앙박물관
乾隆二十四年銘 범종   서울특별시 종로구 세종로 1번지 국립중앙박물관
奉元寺 乾隆二十五年銘 범종   서울특별시 서대문구 봉원동 봉원사
乾隆五十一年銘 범종   서울특별시 종로구 세종로 1번지 국립중앙박물관
傳 金剛山 楡粘寺 출토 범종
서울특별시 종로구 세종로 1번지 국립중앙박물관
康熙二十八年銘 범종   서울특별시 종로구 세종로 1번지 국립중앙박물관
庚寅二月銘 범종   서울특별시 종로구 세종로 1번지 국립중앙박물관

梵魚寺 雍正戊申銘 범종   부산직할시 동래구 청룡동 범어사
普光寺 鐘閣 崇禎七年銘 범종   경기도 고양군 백석면 보광사
龍珠寺 崇禎年銘 범종   경기도 화성군 태안면 송산리 용주사
江華 범종   경기도 강화군 부내면 관청리 416, 높이 176cm, 구경 145cm
神勒寺 大雄殿 乾隆三十八年銘 범종   경기도 여주군 북내면 신륵사내
靑龍寺 康熙十三年銘 범종   경기도 안성군 청룡사, 높이 128cm, 구경 89cm
新興寺 乾隆十三年銘 범종   강원도 속초시 설악동 산170 신흥사
觀音寺 乾隆五十九年銘 범종   강원도 강릉시 금학동 19 관음사내
法住寺 圓通寶殿 乾隆五十年銘 범종   충청북도 보은군 내속리면 사내리 법주
法住寺 鐘閣 嘉慶九年銘 범종
충청북도 보은군 법주사, 구경 175cm, 둘레 445cm
法住寺 寮舍 崇禎九年銘 범종   충청북도 보은군 내속리면 사내리 법주사
麻谷寺 順治十一年銘 범종   충청남도 공주군 사곡면 마곡사내
甲寺 乾隆三十九年銘 범종   충청남도 공주군 계룡면 중상리 갑사
無量寺 崇禎九年銘 범종   충청남도 부여군 외산면 무량사
大福寺 大雄殿 崇禎六年銘 범종   전라남도 남원시 옥정동 대복사
禪雲寺 參堂庵 乾隆五十三年銘 범종
전북 고창군 선운사, 높이 109cm, 구경 93cm, 지방유형문화재31호
禪雲寺 鐘閣 嘉慶二十三年銘 범종   전라북도 고창군 아산면 삼인리 선운사
禪院寺 범종   전라북도 남원시 도통동 392 선원사
開巖寺 大雄殿 康熙二十八年銘 범종   전북 부안군 상서면 감교리 714 개암사
松廣寺 康熙五十五年銘 범종   전라북도 완주군 소양면 대흥리 송광사
內藏寺 乾隆三十三年銘 범종   전라북도 정주시 내장동 588 내장사
花岩寺 범종
전북 완주군 화암사, 높이 90cm, 구경 70cm, 지방유형문화재40호
龍興寺 順治元年銘 범종
전남 담양군 용흥사, 높이 78cm, 구경 66cm, 지방유형문화재90호
仙巖寺 大覺庵 順治十四年銘 범종   전라남도 승주군 쌍암면 죽학리 선암사
楞伽寺 康熙三十七年銘 범종
전남 고흥군 능가사, 높이 157cm, 구경 101cm, 지방유형문화재69호
仙巖寺 鐘閣 康熙三十九年銘 범종   전라남도 승주군 쌍암면 죽학리 선암사
元曉寺 康熙四十九年銘 범종   광주직할시 북구 금곡동 846 원효사
泉隱寺 康熙五十四年銘 범종   전라남도 구례군 광의면 방광리 천은사
華嚴寺 九層庵 雍正六年銘 범종   전라남도 구례군 마산면 황전리 화엄사
仙巖寺 乾隆二年銘 범종   전라남도 승주군 쌍암면 죽학리 선암사
松廣寺 甘露庵 乾隆二十年銘 범종   전라남도 승주군 송광면 신평리 송광사
佛會寺 乾隆三十三年銘 범종   전라남도 나주군 다도면 마산리 212 불회사
道岬寺 乾隆四十一年銘 범종   전라남도 영암군 군서면 도갑리 도갑사
松廣寺 乾隆乙巳銘 범종   전라남도 승주군 송광면 신평리 송광사
仙巖寺 說禪堂 嘉慶八年銘 범종   전라남도 승주군 쌍암면 죽학리 선암사

石泉寺 觀音殿 道光十二年銘 범종   전라남도 여수시 덕충동 석천사
寒山寺 普光殿 범종   전라남도 여수시 봉산동 한산사
佛甲寺 康熙二十一年銘 범종   전라남도 영광군 불갑면 모악리 불갑사
華嚴寺 康熙三十年銘 범종   전라남도 구례군 마산면 황전리 화엄사
大興寺 千佛殿 康熙四十八年銘 범종   전남 해남군 삼산면 구림리 대흥사
大興寺 淸神庵 康熙四十八年銘 범종   전남 해남군 삼산면 구림리 대흥사
華嚴寺 康熙六十一年 壬寅銘 범종   전라남도 구례군 마산면 황전리 화엄사
仙巖寺 圓通寶殿 雍正八年銘 범종   전라남도 승주군 쌍암면 죽학리 선암사
香林寺 大雄殿 乾隆三十一年銘 범종   전라남도 순천시 석현동 향림사
多寶寺 乾隆三十二年銘 범종   전라남도 나주군 다보사
大興寺 大雄殿앞 乾隆三十六年銘 범종   전남 해남군 삼산면 구림리 대흥사
雙磎寺 범종   전라남도 진도군 의신면 사천리 쌍계사
達成寺 乾隆二十五年銘 범종   전라남도 목포시 죽교동 달성사
雲興寺 康熙五十年銘 범종   전라남도 구례군 운흥사
華嚴寺 康熙六十年銘 범종   전라남도 구례군 마산면 황전리 화엄사
寶林寺 乾隆三十一年銘 범종   전라남도 장흥군 유치면 봉덕리 보림사
寶林寺 康午銘 범종   전라남도 장흥군 유치면 봉덕리 보림사
寶鏡寺 瑞雲庵 康熙六年銘 범종   경북 영일군 송라면 중산리 662 보경사
靑岩 康熙二十六年銘 범종   경상북도 금릉군 증산면 수도리 513 청암사
祇林寺 乾隆五十八年銘 범종   경상북도 월성군 양북면 호암리 기림사
直指寺 범종   경상북도 금릉군 대항면 운수동 직지사
孤雲寺 咸豊九年銘 범종   경상북도 의성군 단촌면 구계리 고운사
崇禎九年銘 범종   경상북도 경주시 인왕동 국립경주박물관
龍門寺 乾隆三年銘 범종   경상북도 예천군 와산면 평촌리 용문사
鳳停寺 嘉慶十八年銘 범종   경상북도 안동군 서후면 태광동 봉정사
玉泉寺 乾隆四十一年銘 범종   경상남도 고성군 개천면 북평리 옥천사
多率寺 奉日庵 乾隆九年銘 범종   경상남도 사천군 곤명면 다솔사
多率寺 乾隆三十五年銘 범종   경상남도 사천군 곤명면 다솔사
通度寺 乾隆三十七年銘 범종   경상남도 양산군 하북면 지산리 통도사
玉泉寺 康熙四十七年銘 범종   경상남도 고성군 개천면 북평리 옥천사
海印寺 鐘閣 대범종   경상남도 합천군 가야면 치인리 해인사
通度寺 康熙二十五年銘 범종   경상남도 양산군 하북면 지산리 통도사
雙溪寺 辛巳三月銘 범종   경상남도 하동군 화개면 운수리 쌍계사
龍門寺 無銘 범종   경싱남도 남해군 이동면 용소리 용문사
金山寺 大寂光殿 범종   전라북도 김제군 금산면 금산리 39 금산사
成化六年銘 小鐘   경상북도 경주시 인왕동 국립경주박물관
일본 根津美術館 소장 康熙二十九年銘 범종
일본 根津美術館, 높이 120cm, 구경 80cm

빛깔있는 책들 103-3

범종

글	—이호관
사진	—손재식

발행인	—장세우
발행처	—주식회사 대원사

주간	—박찬중
편집	—김한주, 조은정, 표명희
미술	—김병호, 김은하, 최윤정, 한진
전산사식	—김정숙, 육세림, 이규헌

첫판 1쇄	—1989년 5월 15일 발행
첫판 7쇄	—2004년 4월 30일 발행

주식회사 대원사
우편번호/140-901
서울 용산구 후암동 358-17
전화번호/(02) 757-6717~9
팩시밀리/(02) 775-8043
등록번호/제 3-191호
http://www.daewonsa.co.kr

값 8,500원

Daewonsa Publishing Co., Ltd.
Printed in Korea(1989)

ISBN 89-369-0042-0 00220

빛깔있는 책들